『영혼의 성』 탐구

하나님과의 친밀한 연합의 삶을 위한 데레사의 가르침

영혼의 성 탐구
INTERIOR CASTLE EXPLORED:
ST. TERESA'S TEACHING ON THE LIFE OF DEEP UNION WITH GOD

초판 발행 2014년 2월 28일
지은이 루쓰 버로우스
옮긴이 오방식
발행처 은성출판사
등록 1974년 12월 9일 제9-66호

ⓒ 2014년 은성출판사

주소 서울시 강동구 성내동 538-9
전화 070)8274-4404
팩스 02)477-4405
홈페이지 http://www.eunsungpub.co.kr
전자우편 esp4404@hotmail.com

이 책의 한국어판 저작권은 Bloosbury Publishing Plc와 독점 계약으로 한국어 판권을 은성출판사가 소유합니다. 저작권법에 의하여 한국 내에서 보호를 받는 제작물이므로 무단전제와 복제를 금합니다.

Interior Castle Explored: St. Teresa's Teaching on the Life of Deep Union with God.
Copyright ⓒ 1981, 2007 by Ruth Burrows OCD. Published by Bloosbury Publishin Plc. All rights reserved Korean translation copyright ⓒ 2014 by Eunsung Publications Korean translation rights.

All rights reserved

printed in Korea
ISBN: 978-89-7236-414-6-33230

Interior Castle Explored

St. Teresa's Teaching on the Life of Deep Union With God

Ruth Burrows

『영혼의 성』 탐구
하나님과의 친밀한 연합의 삶을 위한 데레사의 가르침

루쓰 버로우스 저

오방식 역

목차

서문 / 9
제1 궁방 / 17
제2 궁방 / 41
제3 궁방 / 53
제4 궁방(Ⅰ) / 67
제4 궁방(Ⅱ) / 99

· · · · · · · · · · · · · · · ·

제5 궁방 / 127

제6 궁방 / 151

제7 궁방 / 183

결론 / 196

만약 내가 성공적으로 목적한 바를 이룬다면, 이 책은 두 가지 특징을 갖게 될 것이다. 이 책은 데레사가 쓴 『영혼의 성』에 관한 해설서가 될 것이며, 독자가 『영혼의 성』을 천천히 읽어 내려가다가 이 책에 눈을 돌리면 그 책의 모든 중요한 점들에 대해 상세하게 설명한 것을 볼 수 있을 것이다. 동시에 만약 이 책이 그 고전을 올바르게 설명한다면, 이 책은 그 자체로 하나님과의 연합(일치)의 삶으로 인도하는 유용한 안내서가 될 것이다.

비록 어느 독자에게 데레사의 글이 매력을 주지 못하고 당혹스럽게 하며 혹은 '의욕을 잃게' 만들더라도, 사려 깊은 독자라면 성녀 데레사의 글을 읽고 감동 받지 않을 수 없을 것이다. 데레사의 글은 진정성으로 울려 퍼진다. 데레사는 확실히 알고 있는knows 사람이다. 그녀는 단순히 사색하고 추론하지 않으며, 다른 사람들이 말해왔던 것에 의존하지 않는다. 그녀는 자기 안에 살아있는 지식의 샘을 가졌고,

항상 그 샘으로부터 물을 긷는다. 그녀의 완전한 확신은 우리를 압도한다. (그리고 우리의 죽을 수밖에 없는 운명이 가지고 있는 불가피한 감정의 불완전함에도 불구하고) 그녀는 예수님께서 선포하신 것과 바울과 요한이 하나님 안에서 그리스도와 함께 함이라는 인간의 궁극적 운명에 관해 말하고자 애썼던 것, 즉 영Spirit이신 그분과 한 영one spirit이 되는 것이 심지어 이생에서 생생한 현실이 되었다는 사실을 알았고 확신했다. 그녀에게 그것은 더 이상 하나님과의 연합으로 부름 받는 문제가 아니며, 우리가 그것에 이르는 여정 가운데 있는 것도 아니다. 그것은 이미 일어난 일이다. 하나님의 나라는 이미 강력하고 변화시키는 진리로 그녀에게 들어온 것이다. 그녀는 이것이 우리가 이 땅에 머무는 동안 소수에게만 알려지는 진리라고 말한다. 십자가의 요한도 이와 같이 말했다. 데레사는 자신이 소수에게만 알려진 살아있는 지식을 가지고 있으며, 이 지식을 다른 사람에게 전해주도록 부름을 받았다는 것을 알고 있었다. 그 지식은 이론적으로는 결코 알 수 없으며, 자기 자신 안으로 들어가서 거기에서 살 때에만 알 수 있는 인간 존재에 관한 전혀 다른 차원의 지식이다. 그것은 눈으로 보지 못하며 귀로 듣지 못하고 사람의 마음으로 생각할 수도 없는 것이다. 그럼에도 불구하고 우리는 이 지혜로 이끄는 길 위에 발을 굳게 내디딜 수 있다. – 그밖에 다른 인생의 목적이 있을까? – 그렇지만 우리를 눈멀게 하는 인간의 교만 때문에 그 길은 분명하게 알 수는 없는 길이 되었다.

우리는 우리의 취향에 맞지 않고 우리와 어울리지 않기 때문에, 또한 우리가 우리의 성미에 더 잘 맞고 십중팔구 덜 도전적인 사람에게 돌아서는 것을 완전히 정당하게 느끼는 것을 허락하지 않는다는 이유로 삶과 죽음의 문제인 진리, 즉 인간 존재의 진리에 대한 증언자들을 내쫓을 수는 없다. 삶의 진정한 의미에 대해 증언하는 사람들은 많지 않다. 데레사처럼 그리스도 안에서 삶이 성숙해져가는 과정을 보며 분석하고 묘사할 수 있는 능력을 받은 사람은 많지 않다. 그 진리는 인간 경험의 특별한 현실을 가지고 있으며, 특별한 사상의 분위기와 문학적 형식으로 쓰여졌기 때문에, 그것들의 표현 방법과 씨름하면서 해야 할 우리의 의무는 때로는 애매하고 심지어 오해할 여지가 있는 것에서 빛나는 근본 진리를 뽑아내기 위해 노력하는 것이다.

나는 데레사의 가르침이 매우 중요하다는 사실을 확신했고, 어느 누구도 더 위대한 지식을 말하지 않았기 때문에 오랫동안 그녀를 이해하고 배우기를 노력해왔다(물론 가르멜회의 수녀로서 우리 수도회의 카리스마를 구현한 그녀에 관해 상세히 연구할 수밖에 없었다). 처음에는 극복해야 힐 이려옴들이 있었다. 한 가지를 들자면, 비록 이제는 그녀를 더 이해하기 때문에 내 취향에 잘 맞는다는 것을 알지만, 요즘 표현대로 하자면, 그녀는 '내가 좋아하는 스타일'이 아니었다. 그러나 더 큰 문제는 수도회에 있는 형제자매처럼 나도 그녀에게 경외심을 가졌고, 우리의 '거룩한seraphic 어머니'로서 그녀가 한 모든 말씀은 거의 모두 영감을 받았다고 여길 수밖에 없었다는 사실에 있었다. 여러 흥미로운 일화들은 우리들로 하여금 그녀의 가르침이 하나님으로부터 직접 왔다고 생각하게 만들었다. 특히 『영혼의 성』이 그러하였다. 그녀가 그 책을 쓸 때는 황홀경ecstasy 속에 있는 것처럼 보였으며, 그녀도 자신이 쓴 것은 자신으로부터 나온 것이라기보다는 하나님께로부터 '받은' 것임을 암시하고 있다. 그렇다면 가끔씩 그녀가 실수를 했으며 자신의 말을 명확하게 표현하지 못하고 항상 일관성이 있었던 것이 아니었다고 주장하는 것은 매우 무모한 행동일 것이다! 그녀가 사용했던 지적, 신학적, 문학적 도구가 그녀가 전달하고자 했던 것을 소통하는 데에 자주 불충분했고 어설펐다는 의문을 어느 누가 감히 제기할 수 있겠는가? 그것은 거룩한 어머니를 우리와 똑같이 부족하고 만족스럽지 못한 평범한 세상으로 떨어뜨리는 것일 수 있다. 나는 오래 전의 일을 말하고 있기 때문에, 아마 이 책을 읽는 현대의 독자라면 방금 한 말을 듣고 웃을 수도 있을 것이다. 그러나 그것은 나에게 충분히 현실적인 어려움이었기 때문에 극복해야 했다. 예수님께서 모든 것에 대한 해답이듯이 그분은 나에게도 해답이었다. '종이 주인보다 더 위대할 수 없다.' 예수님을 받아들이는 것은 인간 상황을 전적으로 받아들이는 것이다. 즉 그것은 역사를 받아들이는 것인데, 우리 각자는 역사 안에 있으므로 그분이 그러셨듯이 우리도 시대, 사상의 분위기, 편견 등으로부터 자유로울 수 없다는 사실을 받아들이는 것이다. 예수님은 그렇지 않으셨는데, 왜 데레사는 천사seraph가 되어야 하는가? 그녀도 단연코 '우리는 천사가 아니고 인간일 뿐'이라고 선언하고 있다.

예수님께서 가지셨던 내면의 지식은 심지어 예수님 자신이 하신 가능한 모든 표현마저 초월하는 것이었다. 이것을 우리가 이해하기에는 너무 어려운 것일까? 그분은 자신의 죽음과 함께 세상의 종말이 곧 오게 될 것을 기대했던 것이 틀림없다. 왜냐하면 그분은 하나님께서 자신 안에서 활동하고 계신다는 것과 자신을 통해 놀라운 일을 하고 계신다는 것을 생생하게 인식하고 계셨기 때문이다. 그런데 세상의 종말은 아직도 오지 않았다. 예수님께서 틀리신 것일까? 표면적으로는 그렇다. 그러나 가장 심오한 의미로는 절대 틀리지 않으셨다. 그분의 통찰은 하나님의 깊이, 즉 하나님께서 인간을 다루시는 깊이와 인간을 위한 하나님의 목적의 깊이에서 나온 것이다. 예수님께서는 자신조차도 완전히 알 수 없으며 인간의 관념으로 온전히 해석해 낼 수 없는 깊이에서 말씀하셨다. 필요에 의하여 예수님이 그렇게 말씀하실 때에는 분명히 불충분한 이미지와 생각의 패턴 그리고 그 시대의 기대의 한계 안에 있었다. 이것은 그분의 인간으로서의 현실the reality of his humanness의 일부였다. 이것을 부정하는 것은 그분의 인간성을 부정하는 것이다. 그분께서 알고 계셨던 것what he knew은 완전한 진리utter truth였다. 그분께서 말씀하신 것도 가장 깊은 의미에서 완전한 진리였다. 그분의 죽음과 부활 속에서 세상이 종말을 고했다는 것보다 더 큰 진실이 어디 있겠는가? 이 세상의 질서는 무너지고 흩어졌으며 새로운 질서가 도래했다. 하나님의 나라는 이 세상 나라가 전복될 때에 힘을 가지게 된다. 우리가 그와 같은 심오한 실재를 다룰 때에는 집단적 관점에서 생각할 수 없다. 오직 하나님의 나라는 각 개인에게 임하는 한도 안에서 오게 된다. 인간의 마음은 하나님 나라를 받아들여야 한다. 그렇지 않으면 그 나라는 오지 않는다. 하나님의 나라를 받아들이기 위해서는 우리 안에 있는 낡은 세상을 전복시켜야 한다. 그 나라를 받아들이기 위해서는 출산의 진통 속에서 다시 태어나야 한다. 새로운 삶을 살기 위해서는 옛 것에 대해 죽어야 한다. 진정 세상의 종말은 이미 온 것이다.

각 개인의 마음 안에 도래하는 하나님의 나라, 즉 큰 지진, 부활절 사건에 있었던 이 세상 질서의 전복이 데레사가 가르친 전부이다. 그것이 그녀와 십자가의 요한이 말한 초자연적 기도 혹은 신비기도 supernatural or mystical prayer가 의미하는 바라고 한다면 진부할지도 모르겠다. 하나의 피조물에게 일어날 수 있는 가장 심오한 것을 설명하기에는 그 용어들은 상투적이고 기술적이며 조잡한 단어일 것이다.

각 개인의 마음 안에 하나님의 나라가 도래하는 것은 이 세상에서 '아버지'께로 가는 것을 의미하며 완전히 새로운 세상으로 들어가는 것이다. 이러한 일이 일어날 때, 우리의 세상, 즉 아버지의 나라에 들어갈 수 없는 우리의 물질적 존재에 속박된 '육'의 세상은 종말을 맞는다.

여기에서 나는 돌 하나로 두 마리의 새를 잡으려고 하는 것일지도 모른다. 한편으로 독자들이 이 책으로 인해 겁먹지 않고 비판적으로, 그렇지만 최고의 존중을 담아 데레사의 글을 연구할 수 있도록 도와주며 현대적인 용어로 해석할 수 있도록 준비시킨다. 다른 한편으로는 이 책의 주제를 처음부터 알리는 것인데, 데레사가 말하고 있는 바가 바로 예수님의 계시의 핵심이라는 것이다. 그것은 인간으로서 우리 존재의 가장 심오한 실재이다.

이 해설서의 내용은, 겨울동안 매 주일 저녁마다 가르멜회 자매들이 『영혼의 성』의 궁방들을 탐구하려는 나의 시도를 듣기 위해 기꺼이 와주었을 때 만들어진 것이다. 그들의 반응은 나의 기운을 북돋아 주었다. 생각들은 계속해서 수정되었는데, 그 중 일부는 이 주제를 전혀 낯설어하는 젊은 청중들을 위해 새롭게 표현되었다. 나의 공동체에게 사랑과 감사의 마음을 가지고 이 책을 바친다. 그들은 오랜 세월 동안 함께 한 동료이자 친구들이다. 그리고 새로 들어 온 분들도 있는데 이들도 마찬가지로 소중한 분들이다. 데레사 서거 400주년을 경축하기 위해 준비하고 있는 나의 가르멜 수도회 형제자매들에게도 이것을 바친다. 또한 그 밖의 많은 분들께도 감사를 전한다. 그들은 나와 교제를 나누면서 나의 통찰들을 깊고 명확하게 할 수 있도록 도와주신 분들이다. 그분들께도 역시 애정을 담아 이 책을 바친다.

데레사는 나의 이러한 시도에 대해 어떻게 생각하실까? 내가 확신하는 바는, 그녀가 자신의 궁방에 대한 끊임없는 나의 호기심과 탐구를 즐거워할 것이라는 점이다. '당신이 매우 엄격하게 수도원에 틀어박혀 있었고, 오락을 즐길 기회가 없었다는 것을 고려한다면. …내가 생각하기에 내면의 성에서 즐거움을 누리는 것이 당신에게는 큰 위로가 될 것입니다. 왜냐하면 당신의 윗사람으로부터 허락을 받지 않아도 어느 때든지 그 안에서 이리저리 돌아다닐 수 있기 때문입니다.' 더욱이 그녀는 자신의 딸들이 사랑 안에서 대범하고 기꺼이 위험을 무릅쓰며 바보처럼 보이는 것을 겁내지 않기를 원하셨다. 장점과 단점이 무엇이든지 간에 이 책은 사랑으로부터 나왔다. 나는 그녀가 다

음과 같이 말씀하시리라고 생각한다. '내 딸아, 너는 확실히 훌륭한 시도를 했단다!'

제1궁방

『영혼의 성』의 처음 몇 단락을 읽을 때마다, 나는 그 아름다움에 새로운 감명을 받는다. 이처럼 빛나는 말들 이면에는 찬양과 사랑, 감사가 흘러나오며, 그녀가 이미 살고 있고 우리 또한 살 수 있는 눈부신 현실을 살아가도록 사람들을 일깨우려는 뜨거운 마음이 있다. 왜냐하면 그것이 우리의 운명이기 때문이다. 데레사는 매우 '아름답고 빛나는' 이 '동방의 진주' 같은 수정궁의 이미지에 매혹되었던 것 같다. 그녀는 친구에게 밝히기를, 그것은 자신이 만들어낸 것이 아니고 환상 가운데서 주어진 것이라고 하였다. '우리 안에 있는 이 천상의 건물'은 우리의 영혼이다. 아아! '인간이 얼마나 이해할 수 있겠습니까.' 그것은 위, 아래, 옆으로, 수많은 넓은 방으로 이루어져 있으며, 가장 깊은 중심의 방에 왕께서 거주하신다. '너무나 강하고 순수하며 선한 것으로 가득한 왕의 거처가' 비교할 수 없을 만큼 사랑스럽다는 것이 놀라운 일일까? 어찌하였든, 우리 영혼이 바로 하나님의 그 형상으로 만들어졌지 않은가?

우리는 영혼과 육체라는 데레사의 이원론적 개념 때문에 약간 당황하게 된다. '…우리는 이 육체 안에 살고 있습니다. …우리는 영혼을 소유합니다.' 육체는 단지 '금강석의 가공되지 않은 면'이거나 '성의 바깥 벽'이다. 그러나 걱정할 필요는 없다. 우리도 그렇듯이 그녀도 자신이 살았던 시대의 사상에 제약을 받았기 때문에, 다르게 표현할 길이 없었을 것이다.

우리가 해야 할 일은 데레사가 진정으로 영혼에 대해 말하고자 하는 바가 무엇인지를 아는 것이다. 그녀는 영혼은 하나님을 위해 있고, 그분을 모실 수 있다고 말한다. 하나님은 영혼의 중심이시며, 모든 영혼의 아름다움은 그분에게서 비롯된다. 이 영혼, 이 측량할 수 없는 아름다움과 능력을 가진 궁성이 바로 우리 자신이다. 그곳은, 일단 우리가 들어가기로 선택한다면, '하나님과 영혼 사이에 가장 비밀스런 일들이 벌어지는' 가장 깊은 내실마저도 들어와 소유하도록 초청된 곳이다. 그런데 사람들은 들어갈 수 있는데도 성 밖에 머무르는 것에 만족해하고 있다!

데레사에게 있어, 영적 성장이란 안으로의 여정, 이 내면의 성으로 파고 들어가는 것으로 생각된다. 그녀의 이해로서는, 성은 이미 거기에 있다. 말하자면, 우리의 영혼은 이미 만들어져 있다는 것이다. 우리가 할 일은 단지 들어가서 그것을 알아가기만 하면 된다. 그러나 문제가 하나 있지만 그녀는 그것을 보지 않고 피한다! 우리가 아직 우리 성채 안에 있지 않다고, 적어도 안이 아니라 가장 바깥쪽 뜰에 있다고 말하는 것은 진정 그 궁방들은 아직 거기 있지 않다고, 그것들은 생겨나는 것이라고 말하는 것이 아니냐는 것이다. 그래서 이런 통찰이 중요하다. 즉, 데레사가 하나님의 '초자연적인 일'이라고 불렀던, 후에는 주입된 관상 혹은 신비적 관상이라고 불렀던 바를 이해함에 있어, 데레사는 실제적practically으로 파악했으나 정적인 이미지의 사용으로 인해 이것이 명확히 표현되지 않았을 뿐이라는 것이다. 이것을 설명하려는 것이 그녀가 이 책을 쓴 이유이다. 그러므로 우리는 그것을 확대해서 보아야 한다.

고전적인 표현을 사용하자면, 사람은 하나님을 수용할 수 있는 존재이다. 다른 생명을 가진 존재와는 달리, 사람은 이미 완성된 상태로 세상에 오지 않는다. 어린 생명체도 완전한 생명체이다. 그것은 자라서 자신과 자신을 둘러싼 세계의 한계 안에서 성숙하고 완성된다. 그러나 사람은 세상과 동일한 재료로 만들어지고 진화에 내맡겨졌지만 완성된 존재가 아니다. 세상에 불완전하게 왔고, 자신과 물질 세상의 범위 안에서 완성될 가망이 전혀 없다. 사람은 수용할 수 있는 존재, 즉 하나의 가능성 있는 존재이다. 결코 채워지지 않을 수도 있으며 실현되지 않을 수도 있다. 이 같은 경우, 그 창조물은 선택하게 된다. 사람이 자신의 본질, 즉 '하나님을 향한 존재'임을 동의한다면, 그분을 받아들일 수 있게 되고 비로소 존재하게 된다. 그 가능성이 완전히 실현되고, '하나님의 충만함으로 가득 채워지기'까지는 인간 존재는 인간일 수 없다. 우리는 아직 인간이 존재하지 않는다고 주장하고 있는 것이다. 데레사가 사용하는 이미지로 말하자면, 그 저택은 아직 존재하지 않고 단지 주춧돌만 세워져 있다. 그리고 그분과 함께 일하기를 동의한다면 그 건축가는 그 건물을 짓기 시작하실 것이다.

데레사는 자신이 쓰고 있는 성moradas이라는 단어를 생각할 때, 요한복음 14장 2절을 의식적으로 인용하면서 이 본문에 관한 오래된 해석을 떠올렸을까? 보통 저택 또는 거처로 번역되는 모네monē는 정확히 유숙지, 즉 여행자들이 돌아다니면서 잠시 머무는 장소를 의미한다. 그런 유숙지는 보통 사람들이 자주 다니는 거리에 있다. 예수님께서는 다음과 같이 말씀하셨을 것이다. "나의 아버지께는 그와 같은 유숙지가 많다. 나는 네가 그곳 모두를 하나씩 들르며 마침내 내가 '머무는 장소' 곧 아버지의 마음에 이르도록 하기 위해 떠난다."

우리가 아직은 그곳에 있지 않지만 그렇게 되어야 한다는 생각-우리가 앞으로 보겠지만, 나는 내가 되어야 하고 나의 나는 하나님처럼 되어야 한다—은 거듭남, 새로운 창조, 완전히 새롭고 다른 존재로 태어나야 한다는 성경 말씀에 확고한 기초를 두고 있다는 것을 발견할 수 있다. 영과 육을 구별하는 개념은 우리가 다루고 있는 주제에서 특별히 중요하다. 바울과 요한이 말한 '육'은 단지 '하나님이 아닌 것'을 가리키는 것 같다. 그래서 인간 존재 그 자체로는 '육'이 된다. '영'은 하나님의 영역을 나타낸다. 하나님은 영이시며 그분만이 영을 전달하실 수 있고 그분의 손길이 닿는 '육'은 '영'이 된다. '육'은 결코 '영'에 도달할 수 없지만, '영'은 자신을 낮추어서 '육'에 닿아 '육'을 하나님 자신의 삶인 새로운 '영적' 생명으로 소생시킨다. '육으로 난 것은 육이다' 육은 결코 영을 낳을 수 없다. '영으로 난 것은 영이다', '그것은 생명을 주는 영이며 육은 아무 소용없다' 혈과 육은 하나님의 신비를 꿰뚫을 수 없다. '육'인 인간에게 말해 줄 수 있는 것은 인간은 영에게 개방되어 있다는 사실이다. 사람은 영을 통해 감동을 받을 수 있고 영으로 변함으로써 영이신 주님과 하나의 영이 될 수 있다. 인간의 온전한 운명은 영으로 거듭나는 것이다. 이 책에서 '영'과 '영적인'이라는 단어를 사용할 때에는, 다른 지시를 하지 않는 한, 앞에서 말한 의미를 갖는다. 우리는 영혼과 육체의 대조를 결코 인정하지 않는다. 우리가 '영' 혹은 '영혼'을 사용할 때(비록 데레사는 두 단어를 구별하지만 우리는 동일한 의미로 사용하겠다), 하나님께서 손을 대셔서 영으로 변한 이상 그것은 전인격을 의미한다. 우리가 진정한 인간이 되는 것은 육이 완선한 영이 될 때이다. 만일 사람이 육으로 남기를 선택한다면, 쉽게 일어나는 일이듯이, 그는 낙태된 태아처럼, 인간의 오그라든 조롱물로 남는다. 예수님께서 우리에게 어린이처럼 되어야 한다고 말씀하셨을 때, 그분이 의미하는 것이 이것이었을까? 예수님과 니고데모의 이야기에서, 우리가 스스로를 종교적인 문제들에서 조차 식견이 있고 조예가 깊은 성장한 사람으로 생각하더라도, 우리는 아직 거기에 있지 않고, 유아처럼 불완전하고 미숙하다는 사실을 예수님께서는 우리가 이해하기를 원하신다고 요한은 말하고 있는 것 같다. 예수님께서 니고데모에게 한술 더 떠서 이렇게 말씀하신 것이다. 너는 아직 태어나지도 않았다!

하나님께서 자신을 전하실 수 있다는 것은 우리가 그분을 받아들일 수 있는 역량을 마땅히 갖추고 있다는 사실을 말한다는 것을 즉시 이

해해야 한다. 하나님은 겸허하게 자신을 내어 주시며, 여전히 그분의 사랑은 낙태당한 태아를 껴안으신다. 그러나 그 불쌍한 태아는 응답하기는커녕 그것을 깨달을 능력조차 없다. 물론 완전히 닫힌 채로 머물면서 어떤 경우에도 반응하지 않는 것은 불가능하다. 아무리 미약하더라도, 모든 반응은 어떤 되어 감을 의미한다.

우리는 성경 첫 구절에서 하나님의 영이 혼돈의 어두운 물 위를 뒤덮고 사물들을 존재로 부르고 계시는 것을 읽게 된다. 이러한 태고의 주제는 성서를 관통한다. 즉 우리 하나님은 내어주시고 소통하시는 분이라는 것이다. 그분은 존재하지 않는 것을 존재로 부르시고 존재하는 것을 더 완전한 존재로 부르신다. 그분은 바람, 파도, 별들을 부르신다. 그것이 들판의 풀과 꽃이든 가엾은 벌레이든 위엄 있는 맹수 또는 인간이든, 그들이 하나님을 받아들일 수 있는 능력에 따라 그분은 자신을 내어주신다. 그런데 오직 인간만이 하나님께 반응하고 그 부르심에 의식적으로 답할 수 있는 능력이 있다. 부르심을 듣고 대답하는 이 능력이야말로 인간을 인간답게 만든다. 나는 크레타 섬의 시인 니코스 카잔차키스Nikos Kazantzakis가 쓴 시 속에 있는 섬세하고 날카로운 기쁨을 발견했는데, 그의 믿음이 어떠한지는 모르겠다. 그러나 그 시는 내가 믿고 있는 바를 훌륭하게 표현하고 있다.

> 거대한 숨a gigantic breath은 하늘과 땅을 지나 불어오면서 우리의 마음과 모든 살아있는 것들의 마음 안에 깃든다. 그것은 하나님이라 불리는 거대한 외침a great cry이다. 심겨진 생명은 흐르

지 않는 물 옆에서 움직임 없이 잠을 계속 자기를 소망한다. 그러나 그 외침은 안으로 들어와 그 뿌리를 격하게 흔든다. '벗어나라! 땅에서 일어나 걸어라!' 그 나무가 생각하고 판단할 수 있다면, 이렇게 외칠 것이다. '나는 그러고 싶지 않아요. 무엇을 하라고 이렇게 재촉하는 거죠? 불가능한 것을 요구하고 있다고요!'

그 외침은 동정심도 없이 계속 뿌리를 흔들면서 소리친다. '벗어나라! 땅에서 일어나 걸어라!'

그 외침은 이렇게 영겁의 세월동안 소리쳤다. 보라! 열망과 투쟁의 결과로 생명은 움직임 없는 나무를 떠나 자유롭게 되었다.

살아 움직이는 생물들이 나타났다. 그것은 벌레였다. 물과 진흙 속에서 안락함을 누렸다. '우리는 이대로가 좋아요.' 그들은 말했다. '평화롭고 안전하다고요. 움직일 필요가 없어요.'

그러나 끔찍한 외침은 사정없이 내리쳐서 그들을 긴장하게 만들었다.

'진흙을 떠나라. 일어나라. 더 좋은 것을 탄생시켜라!'

'그러고 싶지 않아요! 그럴 수 없다고요!'

'너는 할 수 없지만 나는 할 수 있다! 일어서라!'

그런데 보라! 영겁의 세월이 흐른 후 인간이 아직은 굳건하지 못한 다리를 떨며 나타났다.

그는 켄타우루스centaur이다. 그의 말발굽은 땅에 박혀 있다. 그러나 머리부터 가슴까지의 몸은 가차 없는 외침 때문에 일을 하며 고통 받는다. 그는 또다시 영겁의 세월동안 싸운다. 이것은 이 같은 동물의 껍데기에서 자신을 끄집어내려는 새로운 투쟁이다. 인간은 절망 가운데서 외친다. '어디로 갈 수 있나요? 나는 정상에 도달했어요. 그 너머에는 심연이 있습니다.' 그러자 외침이 대답한다. '나는 그 너머에 있다. 일어서라!'

하나님은 인간에게 외치신다. '나에게 오라.' '와서 세상을 세우기 전에 너를 위해 준비했던 왕국을 소유하라.' 이를 위해 세상은 창조되었다. 하나님을 받아들임으로써 그분과 가장 가까운 친밀함 속으로 들어가고 하나님이 가지신 모든 것을 공유할 수 있는 존재가 되어야 한다.

'우리 주 예수 그리스도의 아버지이신 하나님은 복되십니다. …그는 그리스도 안에서 하늘에 속한 온갖 신령한 복을 우리에게 주셨습니다. 하나님은 세상을 창조하시기 전에 그리스도 안에서 우리를 택하시고 거룩하게 하셨습니다. …그분은 예수 그리스도를 통하여 우리를 하나님의 자녀로 삼으시기로 예정하셨습니다. …그분께서 알았던 사람들을 그의 아들의 형상을 따르도록 이미 예정하셨는데 그 아들은 많은 형제들의 맏이가 되었습니다. 그리고 그가 예정하신 자들을 또한 부르셨고, 부른 자들을 의롭게 하셨으며, 의롭게 한 자들을 또한 영화롭게 하셨습니다.'

'나에게 오라'는 부름은 마치 하나님께서 우선 인간을 만드신 후에야 자신과 친밀한 관계를 갖도록 부르기로 결정하신 것과 같은 뒤늦은 조치가 아니다. 이러한 하나님의 부르심은 인간을 인간되게 만드는 요소이다.

씨앗이 나무로 자라고, 고치가 나비가 되는 것과 같은 유기체 성장이라는 이미지를 가지고, 하나님께서 영혼의 중심에 거주하신다는 데레사의 확신을 어떻게 설명할 수 있을까? 데레사가 성이라는 이미지를 얻게 된 하나의 일화가 있다. 그녀는 아무도 없을 때 어느 친구에게 비밀을 털어 놓았는데, 그녀가 '은혜 안에 있는 영혼의 아름다움'에 관한 어떤 통찰을 갈망하고 있을 때, 비전을 통해 그 생각이 떠올랐다고 했다. 그런데 데레사의 증언에 의하면, 『영혼의 성』을 쓰고 있을 때 자신은 이미 7궁방에 있었다고 한다. 우리는 하나님께서 영혼 안에서 일하신다는 데레사의 통찰이 항상 개인적인 personal 통찰이었다는 사실을 다음 기회에 밝히게 될 것이다. 그렇다면 그녀의 비전은 일반적인 영혼에 관한 것이 아니라 그녀 자신의 영혼, 즉 그녀 자신의 변화된 영혼에 관한 것이 아닐까? 『영혼의 성』을 쓸 때에 그녀는 이미 완전한 영적 성장에 도달했다. 우리와 마찬가지로 그녀 역시 처음에는 단지 잠재적으로 있었던 것이 끊임없는 하나님의 활동과 그 활동에 대한 그녀의 복종 가운데서 현실이 되었다. 진실로 '영광의 하나님'은 그녀의 전존재를 '빛나고 아름답게 만드는' 위대한 광채 안에서 그녀에게 머무르셨다. 그녀는 복종하는 마음 안에서 하나님은 무엇을 하실 수 있는지에 관한 하나의 인식을 우리에게 주었다. 그것은 정확히 말하자면 은혜의 상태이다. 하지만 완전히 성장한 단계에 와서야 데레사는 비로소 하나님의 '내주하심'이라는 용어를 진실하게 사용할 수 있게 된다.

그러나 만약 우리가 7궁방에 이르러서야 하나님께서 우리 안에 계시고 우리와 가까이 계시는 분이며 우리가 기도할 수 있는 분이란 결론을 내린다면 이것은 완전한 오해이다. 하나님은 항상 임재하시고 그분을 받아들일 수 있는 정도까지 항상 자신을 내어주시는 분이시라는 사실은 아무리 말해도 지나치지 않는다. 하나님 편에서 본다면 그것은 전적인 선물이다. 오히려 우리가 억제하고 있는 것이다. 데레사는 이것을 알고 있었다. 그녀는 하나님과 우리 사이의 친밀함의 근본적인 결핍 원인은 우리가 있는 성의 바깥뜰을 침범하는 소음, 잡동사니, 해로운 파충류들 때문인 것처럼 표현한다. 그래서 우리는 그 안에 계시는 임금님의 목소리를 들을 수 없거나 계속 흘러 들어오는 그분의 밝은 빛을 잡을 수 없다는 것이다. 우리는 그것을 우리가 하나님의 풍성함을 받아들이기에 우리가 너무 작다고, 그분과 함께 친밀해지기에 너무 미숙하다는 말로 표현할 수 있다. 하나님은 존재하는 모든 것에 스며들듯이 우리 존재에 스며들면서 끊임없이 친밀함을 주신다. 이 끊임없는 보살핌으로 친밀함을 깃들게 하는 것이 그분의 가장 열렬한 열망이다. 그러므로 어떤 순간에도 우리는 우리 자신보다 더 가까이 계시며 우리를 사랑하시는 하나님께로 나아갈 수 있다. 그 시작, 그 태아적 상태부터 우리는 '다른 누구도 아닌 하나님과 대화할 수 있는 능력을 가질 만큼 부여받은 것이 많다.' 이것이 우리를 인간이라는 존재가 되게 하는 것이다.

이 부분을 지나가기 전에 두 가지 짚고 넘어가야 할 점이 있다. 하나는 데레사가 사용하는 '궁방'의 의미인데, 틀림없이 전체를 통틀어 주장하는 근본적인 의미는 성장의 단계들이 있다는 점이다. 우리는 한 궁방을 지나 다른 궁방으로 가면서 내면으로 들어간다. 그리고 마침내 마지막 중앙에 있는 방에 도달한다. 그런데 가끔씩 그것은 다른 의미를 지닌다는 사실을 주목할 필요가 있다. 그녀는 때때로 주님께서 주시는 다른 종류의 '호의들' favours을 설명하기 위해 궁방이라는 표현을 사용한다. 즉 이 책의 앞 장들에서 '영혼은 이 궁방들을 자유롭게 거닐도록 해야 합니다. …영혼이 오랫동안 단 하나의 방만을 고수하게 해서는 안 됩니다.' 라고 말했듯이, 궁방은 살펴볼 묵상들에 대한 다른 주제들을 언급하는 데에도 사용된다. 분명한 것은, 우리의 뜻대로 이 단계 저 단계로 옮겨 갈 수는 없다는 것이다!

두 번째는 '호의'에 관한 문제이다. 우리는 이 문제를 오랫동안 피해갈 수 없다. 우리는 출발부터 이 문제에 직면하게 된다. 데레사는 우리에게 가장 좋은 것을 권하고 있는 것처럼 보인다! 그녀가 성장하는 하나님과의 연합이라는 위대하고 본질적인 호의를 염두에 두고 있다고 주장하는 것은 정직하지 않거나 도움 되지 않는 것이다. 그녀에게 이 연합은 '호의' favours, '위안' consolations과 불가분하게 연결되어 있는 것 같다. 일단 여기서 그것을 논할 때는 아니니 이후에 다루도록 하겠다. 나는 그 문제를 사전에 가볍게 일축함으로써 독자의 확신을 위태롭게 하고 싶지 않다. 이렇게 말했음에도 불구하고 그녀가 말하는 풍성한 약속을 최상의 복인 하나님과의 연합으로 자라가는 것으로 해석하는 것은 지극히 타당한 일이다. 데레사 자신이 가장 먼저 이 같은 해석을 지지해줄 것이다. '호의'에 대한 열광에도 불구하고, 데레사는 그것을 비교적 대수롭지 않게 여겼다. 호의는 언제든지 오고 가는 것이며, 우리는 그 근원을 절대적으로 확신할 수 없다. 그것이 최상의 호의와 위안, 즉 하나님과의 연합을 증진시킬 때에만 가치가 있다. '은총의 상태'의 반대는 죄의 상태이다. 데레사는 친구에게 '은총의 상태'에 있는 영혼에 대한 빛나는 비전에 이어, '대죄에 빠진다면' 어떤 상태인지에 관해서도 자신이 본 것을 자세히 이야기했다. '이보다 더한 암흑은 없으며, 이것만큼 짙은 어둠은 없습니다.' 그러나 그녀에게 있어 매우 중요한 진리는 하나님께서 영혼으로부터 완전히 물러서지 않으신다는 것이다. 교리적인 가르침으로부터 무엇을 배웠든지 간에, 그녀의 마음은 하나님께서 때때로 우리에게 분노하시지만 결코 우리를 떠나지 않으시며 우리를 버리지 않으신다는 것을 확신했다. 그분에게서 등을 돌리는 것은 우리이며, 그분의 빛을 막는 것도 우리 자신이다. 하나님을 향하는 인간이라는 그녀의 깨달음은 너무나 분명해서, 죄라는 것은 우리가 생명을 주는 샘물로부터 우리 스스로를 뿌리 뽑아 '시커멓고 썩은 냄새 나는 웅덩이'에 뿌리를 내리는 것을 선택하여 잎과 열매는 맺지 못하고 '비참함과 쓰레기'를 결실한 나무처럼 부자연스럽게 되는 존재의 왜곡을 야기한다.

    죄의 본질은 하나님께서 주시기를 원하는 유일한 참된 생명이 되고, 그 생명을 받아들이라는 하나님의 부르심을 거절하는 것이다. 그것은 '육'에 머물기를 선택하는 것이다. 하나님의 부르심에 대한 응답을 생각할 때, 그것이 굳건한 다리로 그분을 향해 걷고 있는 중요하고 건실한 실체로 상상해서는 안 된다. 그것은 오히려 봄의 부름에 응답하는 씨앗의 이미지와 같다. 한번은 자연학습 어린이반 선생님이 '작은 씨야, 돋아나라, 작은 씨야, 돋아나라!'라고 노래 부르는 것을 들은 적이 있다. 뿌리를 내리고, 흙 위로 움을 트며, 잎과 꽃망울을 열고, 씨앗이 '되어가면서' 그 씨앗은 '세상에 나타난다.' 되기를 거절하는 것은 우리가 가진 끔찍한 능력이다. 물과 진흙 속에 사는 벌레와는 다르게, 우리는 '나는 꼼짝하지 않을 거야. 이 진흙 속에 있는 게 평화롭고 안전해.'라고 말하며 정말로 부르심을 거절할 수 있다. 여기서 우리는 이 같은 거절을 할 수 있는 '나'가 존재하기라도 하듯이 말하고 있지만, 그 '나'는 오직 그 부르심에 응답할 때에만 존재할 수 있다. 우리는 자기self라는 것이 완성된 실체가 아니라 하나의 단순한 가능성mere potentiality에 지나지 않는다는 것을 깨달을 때, 비로소 하나님께 완전히 의지해야만 한다는 사실에 압도당하게 된다. 그것이 인간 자존심에는 가장 고통스런 깨달음이지만, 이것을 받아들이는 것이야말로 진정 모든 성장의 핵심이다. 이러한 요청의 빛 아래에서만, 인간은 자신의 진정한 상태, 즉 자신의 많은 고통, 좌절, 항상 느끼는 부족함과 실망 안에서 이것들의 복된 의미를 깨달을 수 있다. 이것들이 없다면, 우리가 진실에 가까이라도 갈 수 있겠는가?

우리가 데레사의 글들을 잘 안다면, 우리는 그녀가 가진 죄에 대한 특이한 인식으로 인해 종종 당황스러울 것이다. 한 가지 예를 들어 보

자. 대죄의 결과가 파국이라는 사실을 알고 있음에도 불구하고 그녀는 대죄를 범하는 것을 중요하지 않은 문제로 생각한 것 같다. 대죄로 죽으면 영원히 형벌을 받아야 한다. 데레사가 지성적으로는 당시의 교리적인 가르침에 의존했고, 그녀가 대죄와 소죄 사이의 분명한 구별을 교육받았다는 것은 의심할 여지가 없다. 대죄는 영혼을 '죽이고' 하나님과의 모든 우정을 끊어 놓는다. 소죄는 그 우정을 약화시키지만 파멸되게 하지는 않는다. 또한 그녀는 죽을 수밖에 없는 죄가 되는 조건, 즉 중대한 문제, 완전한 동의, 완전한 인식에 대해 배웠을 것이다. 그런데 이상한 것은, 데레사는 대죄에 대한 판단에 있어서 첫 번째 조건인 중대한 문제를 간과했다는 사실이다. 이것은 주님과 밀접하게 연합된 그녀의 마음이 지성적 체계를 뛰어 넘은 하나의 예이다. 독창적인 사상가였던 데레사도 자신의 생각을 표현하기 위해 당시에 사용하고 있는 지적인 수단에 의존해야 했지만, 이런 수단은 종종 적절하지 못했다. 그러나 그녀는 자신의 통찰로 그러한 지적 수단들을 뛰어 넘었다. 조금만 각색하면 말의 뉘앙스가 달라지기 때문에 그녀의 글을 자칫 잘못 읽을 수 있고, 그녀가 어떤 새로운 것을 말하고 있다는 것을 깨닫지 못할 수 있다. 데레사의 죄의 관점이 형식적 범주에 들어맞지 않는 이유는 확실히 그녀가 경험한 하나님과의 연합 때문이다. 형식적 범주는 이론적인 것이기 때문에 현실에 들어맞지 않을 수 있다. 왜냐하면 그것은 개인적인 관계의 영역에 속하지 않기 때문이다. 형식을 뛰어넘고 사랑의 관점에서 죄를 생각하는 것이 현명하다. 그렇게 하면 중요한 것은 잘못된 행동이 아니라 잘못된 태도

라는 것을 알 수 있다. 한 남자가 형식적으로는 아내에게 충실하면서도 아내를 무시하거나 있으나마나한 존재로 만들 수 있다. 그러면 그 사랑은 죽은 것이다. 또 다른 남자는 외도를 했지만 깊이 미안해한다면, 그 사랑은 죽지 않은 것이며, 그 관계는 거의 손상되지 않는다. 그가 잘못을 진정으로 뉘우친다면 관계는 더욱 돈독해질 수 있다. 예수님을 부인한 베드로를 생각해 보자. 객관적으로 말해 그것은 충분히 수치스럽고 심각한 일이었다. 그러나 궁극적으로 주님을 부인한 것은 문제가 되지 못했으며, 그것은 그를 더 깊은 사랑으로 이끌었다.

성서가 말하듯이 죄는 '죄악의 신비'이다. 왜냐하면 그것은 정확히 하나님과 인간 사이의 관계에 대한 신비와 관련되기 때문이다. 죄의 신비에서는 어떠한 확고한 발판을 발견하지 못하며, 확실성이나 명확한 범주도 없다. 어느 누구도 그럴듯하게 '나는 결코 대죄를 범하지 않았어.' 라든가 '나는 이런 저런 일을 행하긴 했지만 그것은 소죄일 뿐이야.' 라고 생각할 수 없다. 형식적인 의미에서는 옳을지 모르지만, 그것은 하나님께는 아무 의미가 없다. 대부분 거의 알아차리지 못하지만(왜냐하면 알아차리기를 원치 않기 때문이다.) 우리는 매우 이기적인 선택을 한다. 아주 작은 문제에서 그렇게 했을지 몰라도 그것은 눈이 멀게 되는 것의 시작이었다. 이 선택을 하기 전에는, 우리 앞에 하나님께로 곧장 가는 길이 있었을지도 모른다. 그러나 어떤 지점에서 별 생각 없이, 우리는 그 길에서 벗어난 뒤에 적당주의mediocrity를 받아들였다. 이것은 진정으로 기도하는 사람에게 있을 수 없는 일이다. 오히려 정반대의 일이 생긴다. 우리가 알면서 고의적으로 하나님께 '아니요'라고 말한 것을 알게 될 때, 끊임없이 괴로운 슬픔으로 그 중한 죄를 떠올릴지도 모른다. 그러나 그것은 실제로 어떤 손해의 결과를 가져오지 않았을 수도 있다. 슬픔, 수치, 다시는 '아니요'라고 말하지 않겠다는 결심이 우리를 하나님께로 매우 가깝게 인도해 왔다.

죄의 신비. 성서는 우리에게 그것에 관한 당황스런 실례를 보여준다. 아나니아와 삽비라는 자기들이 하고 있는 일의 중대함에 대해 분명한 인식이 있었을까? 아닌 것 같다. 그 결말은 얼마나 끔찍한가! 형식적 법을 중요히 여기는 사람은 그 결말을 어떻게 볼까? 사울과 다윗을 보라. 나는 대부분 사람들이 사울이 초기에 했던 일에 동정심을 가졌을 거라고 생각한다. 압박 받는 상황에 있었던 그의 불순종은 충분히 이해할 만하고, 무엇보다 순종하지 않은 것은 딱 한 번뿐이었다. 그에 반해 다윗을 보라. 간음, 살인, 배반. …하나님의 심판은 우리가 생각하는 심판이 아니다. 하나님은 변명될 수 있는 사울의 불순종이 당신에 대한 전적인 무시를 드러내는 것이라고 보셨다. 하지만 다윗은, 많은 중대한 죄들을 지었음에도 불구하고 하나님의 사람으로, 하나님께서 늘 중요하게 생각하는 사람으로 남아 있었다.

죄의 신비스러움에 직면할 때, 우리의 무력감은 겸손과 하나님에 대한 신뢰(앞으로 보겠지만, 우리가 목적에 도달하려면 끊임없이 성장해야만 하는 이 두 가지)를 향한 매우 강력한 자극이 될 수 있다. 그 둘의 중요성은 말로 다 할 수 없다. 우리는 항상 자신을 안전하게 하는 길을 찾길 원하며, '괜찮은 존재'라는 착각을 줄 수 있는 범주와 측정 도구들을 고안한다. 그러나 하나님은 그러한 보호물과 안전을 주신 적이 없다. 그분은 항상 당신을 향한 전적인 신뢰만을 원하신다. 우리는 늘 이런 저런 수단에 의해 그분으로부터 보호받기를 원하고 있지만, 그분은 오직 당신을 신뢰하는 것 이외에 어떤 것도 주시지 않는다.

우리를 방어하기 위한 형식적인 법을 내세우지 않고 주님 앞에서 죄인으로 겸손하고 신실하게 설 때, 그리고 내가 칭찬받을만한지 비난받을만한지 모른다는 것을 진심으로 받아들인다면 우리는 복 있는 자들이다. 우리는 자신의 죄의 무게를 감당해야 하며, 하나님의 자유로운 사랑의 용서 외에 어떤 위안도 바라지 말아야 한다. 데레사는 자신의 경험에 따라 우리 자신으로부터는 선한 것이 나올 수 없다고 단언한다. '나 없이 너는 아무것도 할 수 없다.' 우리를 사랑하시는 하나님께서 단언하신다. 몇 번이고 되풀이해서 데레사는 우리 삶의 마지막까지 자기-지식self-knowledge에 대한 필요성을 역설할 것이다. 하나님께 더 가까이 갈수록 자기-지식은 힘들이지 않고 우리에게 온다. 그러나 하나님의 빛이 우리를 강하게 비출 수 없는 초기에는, 그것을 얻도록 노력해야 한다. 죄의 신비에 대한 숙고보다 더 확실하게 겸손한 자기-지식을 발전시킬 수 있는 토대가 어디에 있겠는가?

우리가 하나님을 '거스르거나' '노엽게 하는' 것이 정말 사실일까? 그러한 표현들은 무엇을 의미하는 것일까? 확실히 그것들의 의미는 우리가 죄를 지을 때, 즉 우리로 하여금 더 충만한 삶으로 가도록 하는 그분의 사랑스런 부름에 따르지 않을 때, 우리가 하나님의 자유를 구속한다는 것이다. 그분은 우리에게 주고 싶은 모든 것을 줄 수 없다. 그분이 바라시는 대로 우리를 행복하게 해 줄 수 없다는 것이다. 이것이 하나님의 슬픔이며, 우리가 그분을 '거스르는' 방법이다. 여기서 우리는 하나님께서 예수님을 통해 주시려고 하셨던 복을 거절하는 인간의 어리석음과 고집을 보면서 좌절하시고 탄식하신 예수님을 떠올릴 수 있다. '지난 밤에 정신을 잃었습니다! 어떻게 일어났는지 생각이 나지 않군요. 이런 나의 열망과 나의 사랑이 모든 균형감을 잊게 만들었습니다…' 데레사가 그녀의 친구와 아주 긴 이야기를 나눈 다음 날 아침에, 친구에게 영혼에 대한 그녀의 비전에 대해 이야기할 때 이렇게 외쳤다. 성Castle에 대한 작품을 쓰려고 앉았을 때 그녀는 분명 차분해 있었지만, 그녀의 열정은 계속 불타오르고 있었다. 그녀는 자신을 사로잡은 긴박감을 전하려는 열망으로 가득 차서, 자신의 성을 보려고도 하지 않는 우리의 무력함과 저항에 실망한다. 우리는 관심이 없기 때문에 수고하려 하지 않는다. '기도하지 않는 영혼은 몸과 수족이 마비된 사람과 같다. 즉 그들은 손과 발을 가지고 있지만 그것을 통제할 수는 없다.'

심지어 성의 바깥뜰에 다다랐던 사람에게도, 기도는 당연한 것으로 여겨진다. 왜냐하면 '이 성으로 들어가는 문이 기도이며 묵상'이기 때문이다. 어린 시절 우리들 대부분은 '기도란 하나님께 마음과 정신을 올려드리는 것'이라고 기계적으로 외웠을 것이다. 그런데 이런 단순한 판에 박힌 말이, 결코 적절하지는 않지만 다행히도 우리의 상황에 들어맞는다. 우리가 성찰하지 않는다면, 우리의 운명을 어떻게 알 수 있고 하나님께서 우리를 위해 하실 일을 어떻게 알 수 있으며, 어떻게 그것을 바랄 수 있겠는가? 그래서 데레사는 우리가 아직 기도를 하고 있지 않다면, 기도를 시작하기를 간절히 바랬던 것이다. 이 첫 단계를 실행할 준비가 되어 있지 않으면 그녀가 도울 수 있는 것은 아무것도 없다. 성 안으로 들어가 문 안쪽에만 있거나 더 앞으로 나갈 최소한의 열망만이라도 있다면 희망은 있다. 왜냐하면 하나님의 사랑과 우리를 향한 그분의 약속을 조금이라도 안다면, 아무리 연약하더라도 그것은 틀림없이 열망에 불을 붙일 수 있기 때문이다. 내면으로의 모든 걸음은 우리를 왕께로 더 가까이 데려다 줄 것이며, 왕께서 가까이 계시게 된다면 우리가 더 가까이 갈 수 있게 되기 때문이다. 내가 하고 싶은 말은, 미미한 성장일지라도 성장은 하나님을 받아들일 능력이 커졌다는 것을 의미한다는 것이다. 기도와 묵상에 의하지 않고는 성에 들어갈 다른 길은 없으며, 성장할 다른 방법도 없다.

 이 뜰에서 우리가 편안하게 지내기에는 못도랑moat이 너무 가까이에 있다. 비록 파충류들이 우리에게 해를 주지 못하더라도 그것들이 못도랑에 모여들어서 우리를 몹시 괴롭힌다. 데레사가 자주 언급하는 이러한 파충류가 무엇을 의미하는지 알아보자. 데레사에 따르면, '육'은 순결하지 않고 죄에 빠져 있다. 육의 욕망은 영과 완전히 반대된다. 육은 영에 싸움을 건다. 육은 스스로 똬리를 틀고 이기심으로 뒤틀려 있다. 우리가 추구하는 것은, 육체적 욕구의 수준에서든지 아니면 좀 더 영적인 것이라고 여기는 수준이든지(그러나 실제로는 어느 모로 보나 죄에 빠진 '육'과 다름없는) 즉각적이며 알기 쉬운 만족감이다. 이것이 바로 성서가 '육신의 정욕과 안목의 정욕과 이생의 자랑'이라고 말하는 그것이다. 우리는 자기의 이익을 채우고 있다고 느끼지만, 실상 그렇지 않고 파멸을 위해 일하고 있다. '육'에 빠져있기를 선택하는 것은 저주받는 일이다. 하나님께 우리 자신을 개방하고 자신을 넘어 그분께 순종하며 사랑하는 것 외에 우리는 어떤 의미와 성취도 얻지 못한다. 오로지 사랑에 응답함으로써 우리는 진실한 자신이 된다. 만일 사랑 안에서 자신으로부터 벗어나려면 그 시인이 말했듯이 '동물적인 껍데기'에서 벗어나는 고통을 감수해야 한다. 이것은 그의 본능, 즉 동물과 공통적으로 갖는 모든 것이 이성에 의해 통제될 수 있도록 투쟁해야 한다는 것을 의미한다. 통제되지 않는다면, 그것은 우리와 도피행각을 하게 된다. 우리는 잔인해지고 질투심이 많아지며 탐욕스럽고 폭력적이 된다. 정욕을 통제하기까지 우리는 결코 사랑할 수 없다. 다른 이들에게 헌신할 만큼 우리 자신으로부터 자유로워지기 전까지 끊임없이 많은 노력이 필요하다. 진정한 인간이 되기 위해서는 섬기는 자가 되어야 한다. 그것이 인간의 본질이다. 왜냐하면 그것이 스스로 종이 되신 하나님의 본질이기 때문이다. 우리도 그분과 같이 되어야 한다. 하나님께서 당신의 가장 깊은 본성, 즉 하나님으로서 자신의 모습을 보여 주셨을 때, 하나님은 종의 모습으로 우리에게 오셨다. '내가 행했으니 너희도 그렇게 행하여야 한다.'라고 말씀하셨다. 위에서 말한 그 세 가지 정욕들을 탐닉한다면, 데레사가 말했듯이 우리는 지구상에서 파충류와 비슷하게 흉하고 주름진 존재로 이 땅에서 기어 다니며 살게 된다. 우리는 파충류처럼 되는 것을 선택할 수 있고, 아니면 하나님의 아들들이 되어 예수님의 모습처럼 변화되는 것을 선택할 수 있다.

데레사는 우리를 위해 몇 번이나 이런 파충류들이 어떤 형태를 띠고 있는지 똑똑히 말했다. 그 형태들은 세속성이다. 세상적인 일, 세상의 명예, 야망, 거짓 가치에 열중하는 것이다. 그녀는 그런 헛된 것들로부터 물러서고 영원한 행복을 위해 시간과 노력을 쏟으라고 간청한다. 우리가 누구이며 무엇을 위해 존재하는지를 생각하고, 하나님의 선하심과 그분께서 하셨던 약속을 생각하라고 간청한다. 데레사는 이론적으로 설명할 필요성을 느끼지 못했지만, 우리는 창조된 세상에 대한 진정한 평가 및 하나님을 사랑하려면 꼭 필요한 인간의 가치 이 두 가지와 세속성 사이를 신중하게 구별해야 한다. 왜냐하면 하나님은 그것들의 창조주이고 당신이 만든 모든 것을 사랑하시지만 세속성은 이기주의의 핵심이기 때문이다. 해로운 것은 세상이 아니고 우리의 마음이다. 우리는 만지는 것에 해악을 끼친다. 우리는 '욕망한다.' 소유하기를 원하고, 지배하기를 원하며, 먹어치우기를 원하고, 파괴하길 원한다. 그러나 사랑은 섬기는 것이다.

영적 삶에 이미 헌신된 우리 같은 사람들에게는, '세상 사람들' 즉 아직 세속적인 것에 얽혀 있는 사람들에게만 해당되는 것처럼 보이는 것을 무시하려는 위험이 항상 있다. 예를 들어 수도자들을 보자. 그들은 세상적인 즐거움과 야망을 추구하는 것을 일부러 단념하고 있지 않은가? 그들은 자신의 천직 때문에 불필요한 일들을 모두 제쳐놓고 있지 않은가? 그들은 '기도와 묵상'에 많은 시간을 할애하고 있지 않은가? 그녀가 첫 궁방에서 말하는 바를 수도자들에게 적용할 수는 없다. 그러나 데레사는 '너무 확신하지 말라'라고 말한다. 중요한 것은 마음, 즉 내적 태도인데, 이것은 이 같은 포기와 영적 실천이 있음에도 불구하고 변하지 않은 채 남아 있을 수 있다. 단순히 '세상과 타락'으로부터 물리적으로 물러났다고 해서 거기서 벗어났다고 생각하는 것은 착각이다. 이 세상은 우리의 마음 안에 있다. 여러 가지 방법으로 우리가 아직 야망에 차있고 자기-추구적이며 철저하게 세상적이라는 것을 드러낼 수 있다. 우리는 이러한 악을 크게 드러낼 기회가 없을지도 모른다. 하지만 이것은 더욱 위험할 수 있다. 악이 크게 드러나게 된다면, 단지 부끄럽다는 이유만으로 우리는 충격을 받게 된다. 그에 반해 우리는 셀 수 없이 많은 죄를 범하면서도 그것에 대해 거의 생각하지 않을 수 있다. 설사 그 죄들을 보기를 원한다 해도, 우리는 쉽게 그것을 뿌리친다. 진정한 기도는 그러한 것들을 빛으로 데려오는 것이다. 사제들, 수도자들 그리고 영적인 삶을 공언하는 사람들이 오히려 탐욕스럽고, 질투심 많고, 자신의 권리에 예민하며, 자신들의 체면에 안달하고, 참견하기 좋아하고, 잘난 체하고, 비판적이고, 진실하지 못한 속물일 수 있다. 이 모든 것은 순전히 세상적인 것이며, 하나님과 이웃에 대한 사랑이 아닌 자기만족을 추구하는 것이다. 데레사는 또다시 자기-지식의 필요성을 강조한다. 아마도 그녀는 가장 쉽게 찾을 수 있어야 할 곳에 자기 지식이 없다는 것을 발견했을 것이다. 우리는 자신에게 정직해야만 하며 거듭 되풀이해서 실패를 받아들여야 한다. 그러나 자기-지식을 획득하는 최상의 길은 자신을 끊임없이 찔러보고, 파충류가 숨어있지 않은지 돌을 뒤집어보는 것이 아니라, 끊임없이 우리 주 예수 그리스도를 바라보는 것이다. 마찬가지로 우리는 나보다 더 큰 통찰과 더 높은 기준을 가진 사람들, 특별히 우리와 함께 살면서 우리의 행동을 보고 있는 사람들의 도움을 필요로 한다.

영성을 핑계 삼아 우리는 나를 위해 선택했던 길을 추구하고, 우리에 대한 권위를 가지고 있는 이들이나 우리가 일정부분 권위를 주었던 이들을 조종하면서, 끈질기게 자신의 뜻에 집착할 수 있다. 그 결과 그들은 우리의 바람을 허락해주고 우리에게 '하나님의 뜻'이라는 영적 안전을 제공하게 된다. 우리가 좀 더 엄격한 삶의 형태, 즉 '더 깊은 기도'의 삶으로 부름을 받았다고 주장할 때, 하나님은 오히려 일상의 고된 짐을 지라고 하시며 우리를 당신의 포도원에서 힘써 일하도록 부르고 계실지도 모른다. 다른 한편으로는, 관상적 삶의 방식을 사는 것이 우리를 향한 하나님의 뜻일 수 있다. 그러나 우리는 활동을 핑계로 이 같은 소명에서 비롯되는 의무와 포기를 회피한다. 그러면서 우리의 자만심에 대고 아첨하며 계속해서 주의를 산만하게 만드는 것들을 더욱 부추긴다. 우리가 하나님께 더 가까이 다가가고 있다고 생각하겠지만, 우리는 자신의 뜻을 추구하면서 하나님으로부터 멀어지고 있다. 영적 상태에 관한 부풀린 생각들 때문에 우리처럼 '고귀한' 소명으로 부름 받지 못한 이들을 너무 쉽게 얕잡아 볼 수 있다. 우리의 기준으로 죄에 빠지거나, 우리가 정한 거룩의 개념에 순응하지 않는 사람들을 – 아마 겸손한 척 친절하게 – 판단한다. 바로 이것이 순전히 세상적인 것이다.

거룩이란 아주 일상적인 일과 관련된다는 사실을 거듭 유념하자. 거룩은 진실함, 정중함, 친절함, 온유함, 다른 이에 대한 배려, 우리 몫에 대한 만족, 삶에 맞선 정직과 용기, 그리고 신뢰와 관련된다. 우리가 생각하는 더 높은 영성에 집중하느라 거룩의 기초를 간과할 수 있다.

제2궁방

데레사는 2궁방에 들어온 사람들에게 매우 따뜻한 동정을 베푼다. 그녀는 현실의 사람들을 염두에 두고 있다. 즉 그녀는 그들을 잘 알고 있고, 대체로 그들 가운데에는 자신의 딸(수녀)들이 있었던 것 같다. 이 단계의 상태 또는 이곳에 있는 사람들의 모습을 명확히 묘사할 필요는 없다. 우리가 살고 있는 실제의 삶과 매우 비슷하기 때문이다. 우리가 할 수 있는 일은 각 궁방에 해당되는 특색 있는 요소들을 분별하는 것인데, 이것은 모든 궁방에서 다 가능한 것이다. 데레사는 그것을 바로 제공한다. 하나님께 자신을 진지하게 드리기 시작한 사람들은 2궁방에 있다. 데레사는 가톨릭적 분위기에서 글을 쓰고 있기 때문에, 2궁방에는 항상 기도하고자 하는 결심이 전제된다. 비록 미약하지만, 그들은 기도하기를 결심한다. 그리고 1궁방과 구별되는 진지함이 있다. 여기서 그들에게 주어진 은총을 흔히 '회심'이라고 부른다. 그리고 데레사는 특별히 한 사람을 염두에 두고 있는 듯 보이는데, 아마도 자기 자신일 것이다. 그러나 기억해야 할 것은, 많은 사람들은 그들의 삶이 형편없어서 정말 뭔가를 할 필요가 있음을 명확히 깨닫게 되는 구체적인 순간을 지적할 수 없다. 이것은 일반적으로 평신도들에게 발생하는 일인데, 그들은 자신의 삶의 상태를 바꾸도록 부름을 받은 적이 없다는 것이다. 하나님께 매우 특별한 존재인 다른 사람들에게 제공된 것을 자신들은 거절당했다고 여기면서 자신들은 제외 되었다고 쉽게 느낄 수 있다. 특별한 경험이 부족한 상태로, 그들은 이런 평범한 삶이 진실이려니 하며 자족하면서 살아간다. 그러나 그중 어떤 이들은, 본인은 모르고 있지만 결코 평범하지 않다. 그들이 인식할 수 없다 해도, 시간이 지날수록 그들은 점점 더 충실해지고, 사랑이 많아지며 진실해지고 더 믿음직스러워진다. 비록 겉으로는 거의 바뀌지 않았지만, 소위 '기도하기'라는 것은 그들에게 점점 더 깊은 현실이 되었다. 동일한 변화가 미사 참여에서도 나타난다. 이 해설서를 쓴 주요 목적 중 하나, 정확히 말해서 거의 보편적으로 받아들이는 확신, 즉 지각할 수 있는 은혜가 실재이고 지각할 수 없는 은혜는 2등급에 불과하다는 확신을 없애는 것이다. (비록 말로는 이와 반대로 동의하는 사람들이 있지만, 이 같은 확신은 실제로 거의 보편적으로 받아들여지고 있다.) 내가 보기에는 종종 영적 권위를 줄 만한 어떤 경험도 하지 못한 사람들이 하나님께 가장 가까이 있는 것 같다. 영적 느낌 속에는 은밀한 허영과 착각의 큰 위험이 있다. 그러나 안타깝게도, 이러한 뿌리 깊은 확신으로 인해 사람들은 낙담하면서 자신이 은총에서 '열외 되었다'고 느낀다. 그 결과, 그들은 하나님께서 그들 각자에게 원하시듯이 그분께 기도하지 않으며 복종하지도 않는다. 나는 이 책이 그들로 하여금 그들 각자의 부르심이 그들이 상상할 수 없을 만큼 독특하고 아름다운 것이라는 사실을 확인 시켜주기를 소망한다.

2궁방에 있는 사람들의 또 다른 특징은 그들이 드리는 기도의 본질에 있다. 기도는 단지 특정한 행위가 아니라 존재의 상태로 이해되어야 한다. 엄밀히 말해 기도는 하나님과의 관계이다. 즉 얼굴과 얼굴을 맞대고 그분과 함께 있는 것이다. 기도는 한 인격체가 성장하는 장소이다. 하나님은 항상 우리를 부르시며, 항상 그 존재 안으로 부르신다. 그분은 결코 가만히 계시는 분이 아니며, 결코 무관심하지 않으신다. 그러나 그분을 받아들이는 능력에는 다양한 깊이가 있다. 2궁방에서는 상대적으로 별 차이가 없지만 능동적인 사랑에 의해 능력이 깊어갈 것이다. 우리가 영혼을 가졌기 때문에 또는 영혼이기 때문에 기도한다는 것은 실제로 진실이 아니다. 우리는 영혼이 되기 위해 기도한다. 2궁방은 우리 존재의 상태를 보여준다. 그것은 아직 하나님께서 직접적으로 우리를 만지실 수 있을 만큼의 영적 '깊이'가 없는 상태이다. 그분은 다만 그곳에 있는 어떤 실체를 가지고 소통하실 수 있는데, 이것은 단지 물질적인 수단일 뿐이다. 하나님의 호소는 몸과 감각을 통해서 온다고 데레사는 지적한다. 즉, 좋은 대화, 설교, 책, 선한 생각과 느낌, 질병, 시련, 인생의 여러 사건이라는 수단을 통해 오게 된다는 것이다. 그녀는 다른 형태의 신적 소통이 있다는 것을 알려주는데 있어서 신중하다. 이것은 그 이후의 단계를 위한 것이기 때문이다. 2궁방은 하나님께서 간접적으로 당신을 전달하신다는 점에서 이후의 궁방과 구별된다. 그러나 중요한 것은, 그분께서는 우리를 향상시키고자 애쓰신다는 것이다. 그분은 우리가 성장하기를 원하신다. 그분은 씨앗이 태양과 접촉할 수 있기 전까지, 흙 아래에서 싹을 틔우고 뿌리를 내리며 염분을 섭취하기를 원하신다. 씨앗은 그때서야 비로소 생명을 주는 빛을 받으라는 태양의 부름에 응답함으로써 어두운 땅을 뚫고 나오게 된다. 이 단계를 건너 뛸 수는 없다. 그것은 왜 하나님은 어떤 이들에게 은혜를 보류하시고 어떤 이들에게는 처음부터 은혜를 주셔서 햇빛을 받게 하시는가에 대한 문제가 아니다. 하나님은 언제나 당신을 받아들이는 것을 허락하시지만, 우리가 그분을 받아들이기 위해서는 성장해야만 한다. 싹이 트고 있는 씨앗이 햇빛에 너무 빨리 노출되면 죽게 될 것이다. 그저 햇빛처럼 느껴지는 것은, 여기에서 언급하고 있는 진정한 햇빛과 아무 관련이 없다. 오직 진정한 햇빛만이 중요하다.

데레사는 이것이 중요한 단계이며, 모든 것은 대범함 즉 어떤 어려움이 있더라도 앞으로 나가리라는 결단에 좌우된다는 것을 알고 있었다. 그녀는 온 힘을 다해 격려하고 설득한다. *Way of Perfection*(역자: 최문순 신부가 『완덕의 길』로 번역했음)에서 그녀가 하는 말을 들어보자.

제가 말한 대로, 목표에 도달하거나 혹은 그 여정 중에서 죽을 때까지, 또는 자신들이 만나는 시련에 직면할 용기가 없어질 때까지, 주위를 둘러싼 세상이 사라지거나 말거나에 관계없이, 멈추지 않겠다는 진지하고 가장 결의에 찬 결단을 한 후에 시작해야 합니다. 이것은 매우 중요합니다. 가장 중요한 일입니다.

우리 중 누가 이 같은 결단을 할 수 있을까? 이와 같은 글을 읽다보면, 주님을 향한 우리의 섬김의 태도는 결단력 없는 취미 정도로 보이지 않은가?

우리는 성장했기 때문에 더 많은 것을 보고 이해한다. 우리의 의무는 더 명확해진다. 그러나 슬프게도 우리는 해야 할 좋은 일을 하지 않고 있다. 예전에는 순수해 보였던 것이 이제는 죄악된 것으로 보인다. 이것은 매우 고통스러운 일이다. 데레사는 이러한 갈등과 고통을 항상 구체적인 정황 안에서 보았다. 즉 주님께서 사랑 안으로 부르시지만 우리는 그 부르심에 온전히 응답할 수 없다는 것이다. 기도하는 수고도 힘들며 삶속에서의 기도도 힘들다. 왜냐하면 그것들은 하나이기 때문이다. 우리는 자기 자신, 자기애, 자기-탐닉과 전쟁을 벌여야 한다. 하나님이 아닌 모든 것에 초연해지기 위해 투쟁해야 한다. 그러나 종종 격려가 없기 때문에 매우 힘들어진다. 그래서 대범함이 요구된다. 이곳에서 길이 갈라진다. 전적으로 하나님을 향한 삶으로 가는 길과 평범함으로 가는 길이 나누어지는 것이다. 모든 수단을 동원해서 우리의 결심을 굳게 해야 하며, 집요한 결단으로써 인내해야 한다. 다른 방법으로는 하나님의 부르심에 응답할 수 없다.

나의 충고를 받아들이고 중도에 지체하지 마십시오. 죽기까지 노력하는 강건한 남자처럼 투쟁하십시오. …그 길의 끝에 도달하지 못할 바에는 차라리 죽겠다는 결심을 항상 한다면, 주님께서 당신이 어느 정도 목마름을 가진 채로 이 삶을 지나가도록 하시면서도, 결코 끝나지 않는 생명 안에서 그분은 당신에게 풍성함을 허락하시고 실패의 두려움을 가지지 않게 하실 것입니다(Way of Perfection 20).

우리는 마음과 영혼과 지성을 가지고 무엇보다 하나님을 사랑하도록 부름을 받았다. 사랑은 기쁨 혹은 만족이라는 느낌이 아니다. 사랑은 따뜻한 느낌이 아니며 내면의 희열도 아니다. 사랑은 선택하는 것이다. 의식하는 나라는 존재가 지금 여기에서 무언가를 열망하고 있다는 것 외에 어떤 끌림도 느끼지 못할 때, 나는 하나님을 사랑할 것을 선택해야 한다. 나의 지성은 구체적 상황 속에서 하나님과 그분의 뜻을 선택하기 위한 강한 동기를 제공해 주어야 한다. 내가 말하고 싶은 바는, 여기에 우리의 큰 약점이 있다는 것이다. 마음이 가기 전에, 감각적으로 끌리지 않는 것을 선택할 수 있는 동기를 가지기 위해 지성이 해야 하는 임무의 중요성은 아무리 강조해도 충분하지 않다. 그런데 이것이 결핍되었다는 것(즉 선택을 안 한다는 뜻입니다)은 진지함의 부족과 어려움을 무릅쓰고자 하는 마음이 없다는 것을 암시한다. 진정으로 하나님을 원하는 이들은 앞으로 나가기 위해 무엇을 해야 하는지를 끊임없이 생각할 것이다. 그들은 배우기를 열망할 것이며, 기꺼이 끝없는 어려움으로 나아갈 것이다. 사람들은 선한 열망과 동기가 언젠가는 주어질 것이라고 생각하는 경향이 있다. 기도 중에 주님 앞에 조용히 머문다면 열망과 동기는 우리 안에 생겨날 것이고, 유혹과 어려움을 당할 때 주님 앞에 가기만 하면 자신이 변화될 것이라고 생각한다는 것이다. 내가 보기에 굉장히 중요한 점이 덜 중요하게 여겨지고 있는 것 같다. 잘못된 방식의 묵상에 대한 반응이 있어 왔는데, 이것은 이해할 만한 일이다. 그 방법은 마치 묵상이 하나님에 관한 지적이고 정서적인 인상에 대해 적절한 생각을 얻는 문제인 것처럼 지성을 강조한다. 중요한 것은 무엇을 얻는 것이 아니라 '많이 사랑하는 것'이다. 사랑하는 것은 선택하는 것을 의미한다. 내가 사고하지 않는 기도thoughtless prayer를 하고 있고, 사랑의 느낌을 가지고 있다고 해서 많이 사랑하는 것은 아니다. 제자들 가운데서 예수님의 발 위에 나의 삶을 쏟아 부을 때 나는 많이 사랑하고 있는 것이다. 나의 지성 앞에 이것을 행하기 위한 모든 이유를 가져와야 한다. 나는 하나님을 알아야 한다. 이것은 곧 예수님을 아는 것을 의미한다. 다른 강력한 동기들도 있는데, 아마도 이 동기들은 예수님의 사랑에 사로잡히는 것보다 먼저 가져야 할 동기들일 것이다. 이것은 우리의 수명의 짧음, 그것의 신비, 그것의 이유, 그것의 중대함 그리고 수명을 낭비할 수도 있다는 오싹한 위험에 대한 숙고이다. 수고를 아끼지만 않는다면, 인생의 모든 의미가 되시는 하나님께 자신을 드릴 수 있는 풍성한 동기들은 우리 삶의 영역에서 하루 종일 주워 모을 수 있다. 우리는 항상 하나님의 말씀인 성령의 검을 손에 지니고 있어야 한다. 투쟁을 포기하고 싶고, 세속으로 돌아가고 싶으며, 어떻게든 죄를 짓고 싶은 유혹을 당할 때 그 말씀을 가지고 싸워야 한다. 저항할 수 있는 동기를 가지고 싸울 준비를 하고 있어야 한다. 하지만 전반적으로 이 같은 준비는 매우 등한시되는 것 같다. 우리는 유혹에 넘어간 후에 후회한다. 그리고 미래를 대비해서 특별한 조치를 취하지도 않는다. 만일 우리에게 진지함이 있다면, 우리가 해야 할 일은 공격당할 것을 대비하여 미리 검을 준비하는 것이다. 그 검은 예수님을 기억할 수 있는 생각이나 말씀인데, 그것은 깊은 숙고를 통해서 마침내 우리를 위한 능력이 된다.

우리의 기도 시간을 생각하는 데에 사용해야 하지만, 또한 하나님을 선택해서 내가 정말 그분께로 향하고 있는지를 확인하는 데에도 사용해야 한다는 데에는 의문의 여지가 없다. 그런데 이 단계에서 우리의 지성이 그렇게 할 수 있는 동기들을 제공해야 자신의 상태를 확인할 수 있다. 틀림없이 이 모든 것 안에서 하나님의 은혜는 작용하며 그분은 우리를 도우신다. 그러나 결코 우리가 스스로 할 수 있는 일을 대신 해주시지 않는다. 다시 강조하지만, 이것은 우리 스스로 할 수 있는 일을 그분께서 대신 해주기를 거절하신다는 문제가 아니다. 이것은 선택, 즉 지성과 마음의 공동 작용이라는 인간 행동에 관한 문제이다. 이 선택을 함으로써 하나님은 우리 스스로 할 수 없는 것을 할 수 있는 정도로까지 성장하게 하신다.

데레사는 다른 곳에서 많이 썼기 때문에 『영혼의 성』 2궁방에서는 간략히 언급하겠다고 말한다. 내 생각에 그녀의 가장 매력적인 글들 중에 일부가 2궁방의 모습을 잘 보여준다. 예를 들면 Life (역자: 최문순 신부가 『천주자비의 글』로 번역했음)에 있는 세 개의 아름다운 장들을 보자. 거기에서 그녀는 '사랑의 종이 되기 시작하는' 사람들을 그리고 있다. '왜냐하면 내가 생각하기에 이러한 일은 기도의 여정 속에서 우리를 지극히 사랑하는 그분을 따르기로 결심할 때 나타나는 우리의 모습이기 때문입니다.' 이 해설서는 『영혼의 성』에 대해서만 쓸 것이고, 데레사의 다른 작품으로 벗어나려는 유혹을 참을 것이다. Life 11-12장과 Way of Perfection 처음부터 24장까지는 기도의 초기 단계에 관해 도움이 되는 가르침을 준다. 그러나 『영혼의 성』에서 데레사의 주된 관심사는 '초자연적' 기도로 불리는 것에 대해 다루는 것이다. 이것은 '처음부터 제대로' 시작해야만 성공적으로 다룰 수 있는 것이다. 그렇지만 그녀는 일반적인 지식, 즉 많은 사람들이 다루어 왔던 것으로 인해 지체되는 것은 원치 않는다. 그러므로 확신하건대, 여기에서 실제로 그녀가 언급한 것들은 그녀가 매우 중요하다고 여기는 것들이다.

 Life에서 그녀는 우물에서 양동이로 물을 길으며 땀 흘려 일하느라 몹시 지친 정원사에게, 이것을 만족해야 하며 어려움을 불평하지 말고 자신이 아니라 주인을 기쁘게 해 줄 것을 구하라고 하였다. 그녀는 『영혼의 성』에서도 마찬가지로 한결같은 마음을 강조한다. 우리는 그와 같은 것을 '영적 호의'라고 생각해서는 안 된다. 우리는 자기 자신이 아니라 하나님을 추구하겠다는 결심을 해야 한다. 인내하기 정말 어려운 상황이 되기도 하지만 이러한 상황은 진정한 사랑에 대한 시

힘이 될 수 있다. 즉 하나님으로부터 어떠한 응답도 없고 자신에게 만족을 주는 그 무엇도 없이 앞으로 나가야 하는 것이다. 다시 말해, 거룩함과 평범함으로 가는 두 갈래의 길이 있다는 것이다. 이것이 바로 십자가를 껴안는다는 말이 의미하는 바이다. 대범해지기 위해서는, 사랑하는 예수님과 죽음까지 이른 그분의 순종을 계속 바라봐야 한다. 하지만 그렇게 한다고 해서 우리에게 어떤 일이 일어나는 것은 아니다. 어떤 것도 확신을 주지 않으며, 하나님께서 나의 기도를 들으신다고 말해줄만한 어떤 것도 없다. 그러나 믿음 안에서 모든 확신과 확증이 있다. 처음부터 십자가를 껴안겠다는 결심이 없다면, 우리는 결코 어느 곳으로도 갈 수 없다. 기도는 자기-수양이 아니라 하나님 안에서의 자기-망각이다. 이 단계에서 실제로 기도가 무엇인지에 관한 데레사의 강한 확신을 인용하는 것이 좋을 듯하다.

'힘써 결단하고 모든 가능한 성실을 다해 자신의 뜻이 하나님의 뜻을 따르도록 준비하는 것. …이것은 영적 여정 중에 얻을 수 있는 가장 위대한 완전함을 포함합니다. 그것을 더 완벽하게 실천할수록, 주님을 더 많이 받아들이게 되며 이 여정 동안 더 큰 진보를 이루게 될 것입니다. 그러기 위해 낯선 용어를 사용해야 한다거나 이해하지 못하는 것을 해야 한다고 생각해서는 안 됩니다. 우리의 모든 행복은 제가 이미 설명한 것 안에 다 들어 있습니다.'

재차 강조하지만 그것은 어려운 출발이다. 데레사는, 일반적으로 말하는 선함의 기준이 저급하다는 것으로 인해 특별히 염려한다. 우리는 독사에게 물리지만 그것을 깨닫지 못한다. 서로를 오염시키면서도 우리가 병들어 있다는 사실을 깨닫지 못하기 때문에 치료 받으려 하지 않는다. 거듭 강하게 주장하는 바는, 주변의 기준에 구애받지 않으려면 자신에 대해 계속해서 깊이 생각해야 한다는 것이다. 그녀는 Way of Perfection에서 나쁜 습관이 명예와 자신의 권리 등에 대한 민감함과 결합되면 매우 해로우며, 심지어 경건한 자들도 그런 것을 받아들이게 된 것을 상세히 설명했다. 이러한 잘못된 가치에 대해 굳세게 저항하기 전에는, 결코 성장하리라는 소망을 가질 수 없다.

2궁방은 거기에서 살기 위해 만들어진 성의 방이라기보다는 기차역과 같다. 기차역은 도착과 출발을 하는 장소이다. 모든 것이 활기를 띠며, 작별의 흥분과 긴장으로 가득 차 있다. 우리는 좋아하는 것과 집착했던 것으로부터 자신을 멀리 데려가 줄 기차를 타려고 용감하게 뛰어간다. 재고second thoughts. …지체. …슬픔, 두려움, 반감, 그리고 행복히고 신비스러운 기대감이 뒤서인다. 잊지 말라. 하나님이 계신 곳에 행복이 있다. 하나님은 무익한 희생을 요구하지 않으신다. 하나님은 우리가 성장하길 원하시며, 성장이란 행복할 수 있는 능력을 증가시키는 것을 의미한다. 유치한 향락을 그만 둔다면, 우리는 더 성숙한 삶에서 나오는 부유한 것들을 깨닫는 법을 배우게 될 것이다.

제3궁방

하나님은 사랑이시다. 하나님은 우리가 존재로 충만하여 완전한 행복을 누릴 수 있게 해주는 강렬한 열망이시다. 하나님의 목적은 결코 흔들리지 않으며, 각 개인에게 집중되어 있고 강렬하다. 그러므로 우리가 성장하지 않거나 아주 이상한 방향으로 성장한다면, 그 원인을 하나님이 아니라 우리 안에서 찾아야 한다. 만약 누군가가 데레사가 촉구했던 결단과 대범함을 유지한다면, 의심할 나위 없이 겨울이 지나면 봄이 오듯이 아무리 미약하더라도 자신이 바라던 하나님과의 직접적인 접촉이 가능할 정도의 성장은 확실히 일어날 것이다. 의심의 여지없이 그분께서 당신 자신을 전달하실 것이다. 그러나 현실의 경험은 이러한 일이 항상 일어나지는 않는다는 것을 드러낸다. 우리는 우리 자신 안에서 그 이유를 찾아야 한다.

나는 3궁방이 평범할지라도 어쨌든 당연히 첫 번째 목적지라고 여기던 때가 있었다. 그러나 이제는 3궁방이 목적지가 아니다. 다만 정

거장으로 여길 뿐이다. 3궁방은 정착하면 안 되는 곳이다. 그런데 우리는 기차역에 정착한 후 그곳에 집을 만들어버렸다. 우리는 여기서 멈추지 말고 계속 여행을 해나가야 한다. 만일 우리가 대범하다면, 우리를 부르고 계시는 주님과의 정말 복되고 바람직한 만남rendezvous을 갖게 될 것이다. 우리가 대범하다면 반드시 그렇게 될 것이다. 열정적인 데레사는 '왜! 어찌하여,'라며 간절히 외친다.

> 자신을 하나님의 사랑 안에 두기 위해 영혼이 그분을 사랑하기를 결심하고 모든 것을 버리며 그 목적을 향해 힘을 다할 때, 영혼이 즉시 완전한 사랑의 온전함으로 올라가는 기쁨을 가지지 못한 것을 보고 당신께서 기뻐하셨습니까? 그러나 제가 틀렸습니다. 저는 왜 우리들에게 올라가려는 열망이 없는지를 물으면서 불평해야 했습니다. 우리가 당신의 위대한 위엄을 이내 즐기지 못하는 이유는 우리의 잘못 때문이었습니다. …자신을 전적으로 하나님께 드리는 데에 너무 인색하고 너무 머뭇거리기 때문에, 우리는 귀중한 것을 받을 준비를 마땅히 해야 할 만큼 하지 않습니다. 그 귀중한 것은 상당한 값을 치르고 나서야 즐길 수 있다는 것이 왕의 뜻입니다(*Life* 11)

3궁방이 거기서 머무르면 안 되는 상태인데도, 데레사는 3궁방이 대부분의 선한 사람들의 전형적인 상태라는 것을 인정해야 했다. 그래서 그녀는 주의를 기울이며 그들의 약점을 진단했다.

그녀는 이 단계에 도달한 이들을 칭찬하며 3궁방을 시작한다. 3궁방이 주는 당혹스러움과 기만은 칭찬받을 만한 일이 많은 듯 보인다는 점에 있다. 우리가 다음과 같은 모습으로 삶을 살아가는 사람들을 만난다고 가정해보자. 그는 자신의 나쁜 습관을 극복했으며, 영적으로나 물질적으로 신중하고 정돈된 삶을 살고 있다. 그 어떤 것도 그를 죄에 빠지게 할 수 없고, 그는 참회를 즐겨하며 거듭 기도에 많은 시간을 보낸다. 그는 시간을 잘 사용하는데다가 이웃들에게 자선을 베풀며 자신의 말과 옷 입는 것에 매우 신중하다. 우리는 그러한 사람을 존경받을만하며 성인과 같다고 생각하지 않겠는가? '그러한 사람이야말로 완전한 성인이지'라고 말하지 않겠는가? 데레사는 그렇게 생각하지 않는다. 3궁방의 상태에 관한 그녀의 폭로야말로 영적 성장이 무엇인지를 이해하는데 매우 유익한 기여를 한다. 이 상태가 매우 좋고 본이 되는 것처럼 보이기 때문에 오히려 진정한 거룩함으로 가는 길의 걸림돌이 될 수 있다. 하지만 실제 삶에서 3궁방은 매우 자주 영적 삶의 정상summit으로 여겨진다. 그들은 우리와 주변 사람들을 만족스럽게 하지만 그들의 삶은 진정한 기독교와 거리가 멀다. 데레사는 2궁방을 기술할 때 더 행복하고 마음이 편했다. 2궁방이 더 진실하고 더 건강하며 거기에서 우리는 굴욕감을 주는 죄와 끊임없이 싸우고 있었기 때문이다. 1궁방에서는 빛이 없으므로 자신을 과대평가할 수 있지만, 2궁방에서는 빛에 희미하게나마 노출되기 때문에, 필연적으로 수치심을 갖게 된다. 만약 이 같은 미약한 자기-지식과 겸손이 없다면 우리는 아직 2궁방에 있지 않은 것이다.

데레사는 이미 우리에게 죄 많은 자기self에 대한 고통스러운 인식을 절대 피하지 말고 도리어 환영해야 한다고 경고해 왔다. 하지만 슬프게도 이것은 우리 인간에게 어려운 일이다. 왜냐하면 우리는 하나님을 모르며, 믿는다고 말하지만 그분의 무조건적 사랑을 진정으로 믿지는 않기 때문이다. 벌거벗고 수치스런 모습 그대로 그분 앞에 설 때, 도망가거나 숨지 않으며 보잘 것 없는 실체를 감추기 위해 좋은 생각으로 자신을 꾸미지 않으려면, 그분의 사랑을 믿어야 한다. 우리는 하나님을 우리 자신과 비슷한 분으로 극히 격하시킨다. 내 생각에 그 이유는 우리가 근원까지 이르는 수고를 하지 않기 때문이며, 성서 안에서, 특별히 예수님 안에서 자신이 어떤 존재인지를 스스로 찾으려 하지 않기 때문이다. 우리는 선입관과 다른 이들이 우리에게 알려주는 것을 가지고 살기를 더 좋아한다. 그로 인해 우리는 자신에게 언제나 변함없이 편안함만 주시는 하나님을 그리게 된다. 우리가 갖는 이미지대로 하나님을 소유하므로 우리는 그분을 편안하게 대면할 수 있는 것이다. 그런데 그 이미지대로 그분을 보았기 때문에 우리는 하나님께서 우리의 추악함을 미워하실 것이라고 느끼고 절망하게 된다. 따라서 우리는 추하게 보일 틈이 없도록 그것을 숨겨 깊숙한 곳에 묻어 놓는다. 괴로움을 주는 의심과 고통을 숨긴 채 상대적인 자기-만족의 상태를 그럭저럭 성취해 나간다. 겉보기에 훌륭해 보이는 우리의 행동은 이 같은 자기-만족을 성원하고, 우리는 잘 행동하고 있는 것이 된다. 우리의 생각, 열망, 행동이 '영적인 사람'에게서 나오는 것이라고 여기는 것은 우리에게 있어 매우 중요하다. 엄청난 내면의 에너지가 이러한 '완벽함'을 만들어내기 위해 작용하고 있지만, 사실

이것은 진정한 성장과 아무 관련이 없다.

　우리의 근본적인 이기심의 뿌리는 만져지지 않은 채 그대로 남아있을 뿐이다. 이 이기심은 더 미묘한 형태를 취하기 때문에 모욕과 부끄러움을 눈에 띄게 드러내지 않는다. 데레사는 이런 위험을 알아차렸다. 그녀는 수녀들에게 큰 잘못을 저지를 기회가 없다는 이유만으로 실제보다 자신을 더 낮게 여기는 실수에 빠지지 않도록 주의해야 한다고 여러 번 경고한다. 관대함으로 몰아가는 은혜의 자극을 처음 받은 후에, 해이해져서 나쁜 습관에 다시 빠지는 경우가 종종 있다. 그러나 증상이 미미하기 때문에, 우리는 그것을 엄격하게 다루지 않고 내버려 둔다. 대체로 그것이 겉모양을 손상시키지는 않는다. 그러나 작은 결함일지라도 그 피해는 막심한 것이다. 데레사는 경고한다. 그렇게 확신하지 말라. 두려워하라! 네 자신을 두려워하라! 주님을 두려워하라! 비열한 자아가 어떻게든 잘못을 찾아내어 벌을 내릴 준비를 하고 있는 사람을 두려워하는 수준에서가 아니라 우리 자신의 기준을 훨씬 넘어서는 기준을 가지신 거룩한 분을 두려워하라. 주님을 두려워한다는 것은 오직 그분의 판단만이 중요하다는 예리한 깨달음을 갖는 것이다. 그분의 눈에 비친 내 자신이 진정한 나이다. 나의 행동은 그분께서 보시는 기준만큼의 가치만을 가지며 다른 누구도 그 기준이 될 수 없다. 우리 눈에 비친 자신과 다른 이들의 눈에 보이는 나는 중요하지 않다. 그러나 이것을 실제로는 너무 쉽게 잊어버린다. 예수님께서는 우리에게 이것을 유념하라고 하셨다. 우리의 마음이 하늘에 계신 아버지께 고정되어야 하며 금식, 자선, 기도를 할 때 항상 그분의 얼굴을 바라보아야 한다고 당부하셨다. 그런 순수한 마음의 응시가 모든 자기만족과 안일함을 없앨 수 있으며, '당신이 보시기에 어느 누구도 의롭지 못합니다' 라는 시편 기자의 탄식을 깨닫게 할 것이다.

덕은 종종 자신이 가진 것 보다 더 많이 드러나고, 죄의 뿌리는 강하고 끈질기다. 그러나 그 잎사귀는 지금 당장은 좋아 보인다. 우리는 스스로 기만 당하기를 원하며, 하나님 보다 자신의 영적 이미지가 어떻게 보이는지에 더 관심을 갖는다. 우리는 깊이 숨겨진 자신에 대한 만족감이 없다. 자신에게도 말하지 않지만 우리는 진정 자신이 영적으로 앞서가고 있다고 느낀다. 우리는 겸손의 겉모양을 실천한다. 겉모양뿐인 겸손 때문에 얼핏 보면 자기 자신, 잘못한 것들, 그리고 개선의 부족을 겸손히 인정하는 듯하다. 그렇다. 우리는 이처럼 불쌍한 죄인들이다! 그러나 실제로는 그렇게 생각하지 않는다. 데레사는 우리의 착각을 깨닫도록 도와준다. 만일 그녀가 말하는 예들을 신중하게 탐구한다면 우리는 많은 것을 배우게 될 것이다.

여기서 자기도 모르게 모든 것을 교훈적인 상황에 넣으려는 사람이 있다. 스페이드spade라고 말한다고 해서 그 패가 반드시 스페이드인 것은 아니다. 그는 자신의 탐욕과 초연함의 부족을 깨닫길 원하지 않는다. 그의 자존감은 그가 왜 그렇게 느끼고 행동하는지 자신에게 설명할 방법을 찾는다. 자신은 알아야 할 것을 다 안다고 생각하기 때문에 누구도 그에게 충고해줄 수 없다. 어쨌든 그는 영적인 삶을 사는데 능숙하고, 다른 이들에게 좋은 조언도 해줄 수 있다. 아픔, 고통, 굴욕은 단순히 인간 삶의 현실에서 오는 것이거나 자신의 자존감으로부터 나오는 것이든 그에게 있어 이것들은 '하나님을 위한 고난'이 된다. 모든 것은 왜곡되어서 자존감을 달래주는 작은 선물이 된다. 그는 우리 주님께서 가르치고자 하셨던 것을 배울 수 없다. 데레사는 자신의 딸들에게 자신들은 잃을 자산도 없고 세속적 야망도 없으니 이 같은 보기들은 자기와 아무 상관이 없다고 생각하면서 흡족해 하지 말라고 말한다. 그녀는 이와 꼭 같은 악이 어떻게 그들 안에도 있는지를 지적한다. 사소한 일들이 나의 분노를 일으키는 것에 주목하라. 내가 어떻게 점잔을 빼면서 아주 작은 권리를 내세우는지, 내가 무시 받고 쫓겨나고 마땅히 받아야 할 것을 받지 못한다는 이유로 기분 나빠할 권리가 있다고 생각하는 것에 주목하라. 공적인 자리에서 소란을 떤다면 우리의 약점이 드러나기 때문에 부끄러움을 느낄 것이다. 그러나 이러한 잘못된 반응이 경건하고 우아한 태도로 교묘히 가려질 때에는 전혀 부끄러움을 느끼지 않으며, 우리는 그것이 문제라고도 생각하지 않는다. 곧 알겠지만, 데레사는 우리가 가지는 '명예'에 관한 근본적인 관심으로 인해 괴로워한다. 그녀는 명예를 근원적인 문제로 여긴다. 그것은 겸손의 근본적인 결핍이다. 그녀는 그 결핍이 너무 흔해서 우리가 그것을 당연한 것으로 받아들이며 악한 것으로 여기지 않는 것을 염려한다. 그것을 우리는 깊숙이 받아들이고 있기 때문에, 서로 인정하면서도 거룩함과 양립할 수 있는 '인간적인 것'으로 웃어넘긴다. 대부분의 사람은 그 문제의 심각성을 깨닫지 못한다. 모든 성장의 법칙은 자기self로부터 벗어나는 것이다. 씨앗의 성장점이 계속 껍질에 싸여 있다면, 아무 일도 일어나지 않는다. 자신을 펴고 밀어내면서 위로 그리고 밖으로 나와야 한다. 자신을 떠나야만 싹이 될 수 있다. 하지만 우리는 자기self 안에 머무는 것을 선택한다. 우리는 자기 모습을 단정하게 함으로써 사람들로부터 존경을 받고 함께 어울려 살며 거기에 정착해버렸다. 진정한 영적 성장인 자기를 완전히 버리는 것과 이웃에 대한 온전한 사랑은 준비하지 않으면서 말이다. 바울이 말한 '혈과 육'의 세상에 집착하면서 궁 안에 머물기로 결심한 것이다. 결심을 한다? 그렇다. 그렇게 선택하고 있다. 완전히 새로운 삶으로의 창조적인 부르심, 존재의 새로운 길, '영'의 길, 이러한 부르심을 차단한 것은 바로 우리 자신이다.

데레사는 한 가지 더 비판한다. 우리의 참회는 우리의 삶처럼 잘 짜여져 있다는 것이다. 그녀는 하나님께 드리는 계산적인 섬김을 풍자한다. 그녀가 말하는 참회란 무엇일까? 그녀의 시대에는 참회란 금식, 털로 된 옷을 착용하는 것, 철야기도와 같은 자기-부인에서 나오는 자발적인 형태의 것들이었는데, 그것은 대범함의 표시이자, 하나님께 모든 것을 드리며, 하나님께서 요구하시는 것을 넘어서려는 열망을 수용한다는 표시였다. 데레사는 우리가 마음을 다하지 않는 점을 지적한다. 우리는 하나님을 원한다고 말한다. 아마 그렇다고 느낄 것이다. 그러나 그 증거는 어디에 있는가? 이기적인 자기self가 확장되고 완전한 자기-몰두에 빠져 있으며 무엇이든지 원하는 대로 다 하려고 하는데 그 증거가 어디에 있겠는가? 없다. 우리는 자신을 철저하게 보호하고 있다. 우리는 하나님께 많은 것을 드리려고 준비한다. 하지만 더 드릴 것이 있다는 것을 알면서도 모른 척 하며 더 이상 내어

드리지 않는다. 하나님께서 요구하시는 것이 자존감에 고통을 줄 때, 또는 상처를 줄 때, 아니, 그러한 요구라면 어떤 것도 받아서는 안 된다고 생각한다. …우리는 하나님을 섬길 때 일어나는 일들이 두렵다. 지루하거나, 지치거나, 체면을 잃고, 자신을 위해서 어떤 것도 가지지 못하게 되는 것을 두려워한다. 자신에게 득이 되거나, 뭐라도 얻을 것이 있다면 하나님을 위해 살 것이다. 그러나 자기를 위한 것이 전혀 없다면, 더 이상 해야 할 일이 있다는 것을 보기를 거부한다.

대범함을 어떻게 설명할 수 있을까? 정해진 틀은 없다. 대범함에 대한 표현은 누구의 것을 모방할 수도 없는 것이다. 어떤 사람에게 적합한 표현이 다른 사람에게는 맞지 않을 수 있다. 우리가 해야 할 일은 모든 특별한 순간에 진지하게 대범할 수 있도록 은혜를 구하는 것이고, 우리에게 부족한 것이 무엇인지 볼 수 있는 빛을 구하는 것이다. 사실상 하나님과 나 사이에서 선택을 하지 않는 순간은 없다. 진정한 대범함이란 항상 방심하지 않고 늘 '거기에' 있으면서 주님을 찾기를 열망하며 그분이 어떠한 모습으로 계시든지 자신의 팔로 그분을 껴안을 준비를 하고 있는 것이다. 대범함은 습관적인 행동에 고착된 채, 나의 이웃, 그 순간의 의무, 약간의 굴욕, 육체적 고통, 실망, 즐거움과 기쁨을 생생하게 만나는 것을 놓치면서 삶이 흘러가는 대로 표류하지 않는다. 우리는 영광의 시간, 즉 우리의 대범함을 보여줄 수 있는 시험의 시간을 기다리면 안 된다. 그 시간은 결코 오지 않을지도 모른다. 설령 그 시간이 온다 하더라도 시간 시간마다 변장하신 그분께 응답하는 만큼 그 시간에 응답할 것이다. 그것은 큰 고난을 구하는 것이 아니라 자기self를 경시하며 삶을 있는 그대로 받아들이는 결심을 하는 것이다. 전심으로 다른 이들을 섬기고, 아무리 지루하고 멋없고 보상이 없을지라도 크든지 작든지 우리의 의무에 충실하면서, 만약 그런 요청을 받았다면 그 짐이 얼마나 무겁든 기꺼이 지고 가는 것이다. 기쁨 또는 슬픔, 위로 또는 괴로움을 고려하지 않고 말이다. 이러한 진정성은 행복으로 가는 길이 된다. 반면에 몸 사리는 계산적인 삶은 심신을 지치게 하며 마음속에 장애물과 두려움으로 가득 차게 만든다. 우리는 이러한 것들을 극복하는 열정적인 사랑을 갖기 위해 기도하고 노력해야 하는 것이다.

데레사는 이미 우리에게 기도 중에 '호의'를 얻기 위한 어떠한 열망도 마음에 두지 말라고 충고했다. 당분간 이 단어를 '위안'으로 바꾸겠다. 위안을 얻기 위해 기도를 시작하는 것은 출발부터 잘못된 자세이다. 그와 같은 기도는 기도가 아니라 자기-수양self-culture이다. 비록 돈을 목적으로 하듯 그렇게 노골적이지는 않지만, 기도를 통해 위안 받기를 기대하고 위안을 얻지 못하면 불만과 낙담을 느낀다. 어쨌든 우리는 자신이 위안 받을만한 가치가 있다고 생각한다. 아주 오랫동안 하나님을 섬기며 살아왔고 해야 할 일을 다 했는데 왜 위안이 오지 않겠는가? 왜 메마름과 공허함을 느껴야 하나? 내가 생각하기에 영적 삶을 잘 훈련한 사람들은 그러한 이목을 끄는 '호의'를 구하지는 않을 것이다. 그렇지만 자기 생각에 적당한 것들을 구하지 않는 사람은 거의 없다. 우리는 자신이 영적인 길에서 앞서나가는 사람이며 초보자들 사이에 있지 않다는 확신을 갖길 원한다. 우리는 자신이 겪은 역경과 희생, 열심히 했던 선한 일들을 마음속으로 훑어보면서 생각 한다. …확실히 나는 앞서나가는 사람이지. 그렇지 않은가? 우리는 모든 것이 순전히 하나님의 선물이며, 앞서 나가는 길을 자신의 힘으로 얻을 수 없고, 이런 저런 방법으로 하나님께 '당신의 일을 하십시오.' 라고 요구할 수 없다는 사실을 아직 깨닫지 못하고 있다. 어떤 고난과 희생으로도 하나님을 우리에게로 끌어 내릴 수는 없다. 데레사는 우리에게 주님께서 주신 가르침을 상기시켜준다. 그분은 오직 겸손한 자들, 즉 자신이 할 수 있는 일이 아무 것도 없다는 사실을 아는 자들에게 자신을 내어 주신다. 또한 하나님은 우리에게 가장 좋은 이익을 구해주시는 아버지이시지, 정의에 매여서 일한 만큼만 하인들에게 몫을 주는 주인이 아니라고 인식하는 자들에게 자신을 내어 주신다. 그분은 계속해서 우리가 자신이 가치 없는 자임을 알고 깨닫도록 여러 기회를 주시는데, 그것은 아마 지나치기 쉬운 기회일 것이다. 우리 모두 자신의 비천함, 하찮음, 추함이 고통스럽게 드러나는 시간이 있지 않았는가? 그리고 겸손히 받아들임으로써 진리의 기쁨을 알게 되는 짧은 순간이 있지 않았는가? 하지만 슬프게도 우리는 금방 다시 무지함에 빠져서 고통스러운 기억을 밀쳐 낸다. 아니면 우리의 시들은 이미지를 보완해주는 지나친 도덕적인 겸손으로 부끄러움을 인위적으로 중화시킨다. 이같이 심하게 손상되고 생명을 죽이는 자기-유익의 껍질을 넘어서 성장할 준비를 하기까지, 우리는 결코 하나님을 맞을 준비가 되어 있지 못한다. 우리는 그분께서 오시는 그곳에 있지 않으며, 처음부터 주저앉아 있는 것이다.

잘 정돈된 삶을 살고, 매력적인 영적 공동체에 가입해서 영적 삶에 관해 잘 알게 되면, 우리는 즉각 타인에게 비판적이 된다. 사람들은 자신이 경건하게 행동해야 하고 만약 이것을 지키지 않으면 비난을 면할 수 없다는 것에 대해 명확한 인식을 가지고 있다. 그런데 사실은 우리가 비판하는 사람들로부터 많은 것을 배울 수 있을 것이다. 그들은 우리가 가진 것보다 훨씬 많은 하나님에 대한 지식과 사랑을 가지고 있을 수 있다. 이러한 지식과 사랑은 자기 자신을 잊을 수 있는 자유를 준다. 우리가 약간의 영적인 경험을 할 때에는, 여전히 눈이 멀어 있기 때문에 자신들을 실제보다 훨씬 현명하고 영적인 사람이라고 상상하게 된다. 그리고 우리가 서로를 가르치고 훈계할 위치에 있다고 느낀다. 그것보다 오직 우리 자신만 들여다보는 것이 더 좋을 것이다. 진실로 우리 모두는 다른 사람들의 도움과 지원, 깨우침을 필요로 한다. 그리고 기꺼이 이 도움을 구하고 받아들여야 한다. 돕기 위해선 먼저 사랑해야 한다. 만약 우리가 누군가를 사랑하고 그들의 진정한 유익을 바란다면, 우리가 가진 빛을 따라 그들에게 유용한 충고를 해줄 수 있을 것이다. 그들을 사랑하기 때문에 그 충고는 겸손하고 진실될 수 있다. 다른 사람들을 진심으로 사랑한다는 확신이 들 때까지 그들의 잘못을 보거나 어떤 판단을 전하는 것은 위험하다. 오직 사랑만이 명확하게 볼 수 있다. 데레사는 우리보다 더 앞서나가서 우리에게 빛을 주며 계속 앞으로 나가도록 격려할 수 있는 사람을 얻길 원한다. 문제는 이 같은 사람은 보통 우리가 멀리하는 사람이며, 우리는 우리의 기준으로 편안함과 안락함을 느끼게 해주는 사람에게로 도망간다는 것이다. 결국 그러한 사람끼리 위로하게 된다. 방해하는 침입자는 침묵시켜야 한다. 이 모든 것은 우리가 겁쟁이이고 진정성이 부족하다는 것을 완벽하게 입증한다. 정말 하나님을 원한다면 하나님을 알고 그분께로 인도할 수 있는 사람을 찾아서 그의 말을 듣기를 열망해야 한다. 하나님으로부터 피하고 싶고 그분의 요구로부터 자신을 보호하고자 하는 열망은 우리로 하여금 자기의지만 강하게 할 뿐 아니라 스스로 결정하는 존재로 만든다. 데레사는 우리가 복종하고 순종하는 것을 받아들여 자신의 삶을 통제하려는 것을 내려놓으라고 간청한다. 이 같은 의지의 복종을 하기 위해 수도회에 있을 필요는 없다. 셀 수 없이 많은 기회가 우리에게 온다. 일단 자기-추구라는 죄가 치명적인 하나님의 적이라는 것을 안다면, 복종할 기회를 열망하게 될 것이다. 주의를 기울여서 보기만 한다면 인생은 그러한 기회들로 가득 차 있다는 것을 알 수 있다.

3궁방은 행복하지 않은 상태이다. 우리는 세상의 커다란 짐 아래에서 고생하고 있다. 이 짐은 우리의 활동을 방해하고 삶의 기쁨을 빼앗는다. 그러나 그것은 우리가 스스로 선택한 일이다. 하나님은 우리를 홀로 내버려두지 않으시며 항상 우리를 해방시키려고 하신다. 그러나 비극적인 것은, 세월이 흐름에 따라 우리는 거듭해서 이 해방을 거절하고, 거절할수록 우리의 방식에 더더욱 고착하게 된다. 어쩌면 이로 인해 느꼈던 압박과 걱정마저도 결국 사그라질 것이다. 우리는 너무 자기만족적인 존재가 되어버려서 자신이 극도로 비-영적이며, 평안으로 유혹하는 누에고치 안에 갇혀 우리의 현실을 전혀 깨닫지 못하게 될 거라는 사실을 망각할 수 있다. 이것은 주님도 어찌할 수 없는 일이다. 어쩌면 마지막 질병 때에, 그러니까 죽음 앞에 이르러서야 치유의 계시를 받는 엄청난 충격적인 경험을 할지도 모른다. 그래도 여전히 비극은 비극이다. 하나님의 사랑은 우리 주변을 두드린다. 성령과 불은 성의 입구 안으로 밀고 들어가기 위해 성벽으로 돌진한다. 하나님의 나라는 침략하기 위해 우리의 약점을 찾는다. 그러나 그럴 수 없다. 난공불락의 성은 끝내 정복되지 않는다.

4-1

제4궁방(Ⅰ)

4궁방에 들어갈 때 우리의 문제는 시작된다. 데레사는 여기에서 '초자연과 접촉하기 시작 한다'고 말한다. 그녀의 기준으로 '초자연적 기도' supernatural prayer와 '주부적 관상' infused contemplation은 같은 의미이다. '신비적 관상' mystical contemplation도 동일한 의미로 사용될 것이다. 이러한 기도의 정체성이 무엇이든지 간에, 이것이 그녀가 쓴 모든 글의 주제이다. *Life*, *Way of Perfection*, 또는 『영혼의 성』의 처음 세 궁방 중에서 그녀가 언급했던 수덕적인 길, 그리고 자신에게 초연하기 위해 필요한 힘든 과업을 계속해 나가는 것, 또한 덕을 실천하고 기도에 충실하는 것, 이 모든 것들은 주부적인 관상을 수용하는 것을 지향하고 있다. 그녀는 이것을 매우 귀중한 것이며, 값으로 매길 수 없는 진주이기 때문에, 열정을 가지고 원해야 하고, 자신이 가진 모든 것으로 이것을 얻기 위해 힘써야 한다고 생각한다. 그 이유는 주부적인 관상이 우리가 성취할 수 있는 것이기 때문이 아니라(우리는 그럴 수 없다) 이것을 받기 위해서는 우리 쪽에서 아낌없는 준비를 해야 하기 때문이다. 데레사가 여기에서 한 말은 십자가의 요한의 말과 동일하다. 그러나 주부적 관상에 관한 이 같은 개념은 그들(데레사와 십자가의 요한)에게서 나온 것이 아니라 이미 잘 정립된 용어를 물려받은 것이 틀림없다.

그렇다면 '주부적 관상'이란 무엇일까? 그것은 오로지 특별한 소수만이 열망할 수 있는 어떤 것일까? 아니면 인간이 스스로 이룰 수 있는 무엇일까? 혼란을 주는 한 떼의 구름과 같은 잘못된 생각들이 그 주제를 덮어버려서 애매하게 만들어버린다. 그 구름은 수 세기 동안 그 위에 걸쳐 있었다. 어떤 것이 하나님 자신으로부터 온 것인지 명확하게 설명할 수 있다면, 이 장은 그러한 설명에 대한 하나의 시도라고 할 수 있다. 앞으로 독자들이 두 가지 문제와 부딪치기를 바란다. 첫째, 여기서 말하는 주부적 관상은 전적으로 전통을 따라간다는 점이고, 둘째, 하지만 그 전통 안에서 대담한 단절(오랫동안 대중적이었고 심지어 '전문적'이었던 해석과의 단절)을 하고 있다는 점이다. 만일 이 두 가지를 보지 못한다면, 내가 잘 표현하지 못했거나 나의 글을 잘못 읽고 있는 것이다.

나의 개인적인 회상으로 이 논의를 시작해 보겠다. 내 생각에 이것은 많은 사람들에게 낯익은 것이다. 오래 전 가르멜 수도원에 들어왔을 때에는 조그마한 도서관에 책이 별로 없었다. 그리고 몇 권 안 되는 책들은 신비롭고 이질적인 세상과 관련된 것들이었다. 거기에는 대부분의 삶과 상관없어 보이는 낯선 단어들이 있었는데, 마치 영적인 암호 같았다. 20세기 초에 출간된 신비주의 전통의 고전으로 인정된 예수회 폴랭A. Poulain, S J이 쓴 『내적 기도의 은혜』 The Graces of interior Prayer의 색인을 빠르게 훑어보면, 내가 무슨 말을 하려는지 감이 올 것이다. 그 색인에는 신비적 은혜 혹은 신비적 만짐, 고요의 기도, 완전한 일치의 기도, 다섯 개의 영적 감각, 영적인 만짐에 의해 영혼이 하나님께 도달하기, 황홀경ecstasy의 생리적 특징, 완전한 일치의 기도 동안의 연결ligature에 관하여 등등이 있었다. 이것은 우리 자신을 소수만 이해하는 주제에 한정시키게 만든다. 이것의 의미는 무엇인가? 실제 삶과 어떤 연관이 있는가? 인생에서 경험한 생생한 모든 것을 생각나게 하는 복음서를 읽는다면, 이 낯선 전문용어는 어디에 들어맞는 것일까? 이것이 나 자신에게 한 질문이었다. 나는 볼 수 없었지만 어떤 사람들은 확실히 그 색인들의 용어 안에서 의미를 깨달았고, 복음서와의 연결점 그리고 실제생활과의 연결점을 보았다. 더 큰 문제는, 데레사가 기도 중에 경험한 자신의 상태(폴랭 및 많은 사람들이 매우 탁월하게 여기며 하나님과 매우 친밀한 통교라고 여긴 그 상태)에 관해 말한 것을 읽을 때였다. 수 세기 동안 그것에 관한 많은 논문들이 쓰였지만, 이것이 나에게 감동을 주기는커녕 흥미를 떨어뜨렸다. 하나님을 싸구려로 만드는 것 같아서, 이것이 하나님일 수 없다는 소망을 품게 되었다! 정말 말하고 싶은 것은 '그것은 하나님일 수 없다'는 사실이었다. 순전히 직관과 상식의 지지를 받아왔던 오래된 확신을, 나는 이제 확고하게 주장한다. 나는 매우 오랫동안 그 문제와 씨름해 왔으며 지적인 명료함을 찾아왔다. 십자가의 요한 말고는 어떤 저자도 도움을 주지 못했다. 그런데 그를 전반적으로 이해하는 데에는 오랜 시간이 걸렸다. 다른 모든 사람들은 데레사의 기도 상태에 관해 묘사한 것, 즉 그녀가 그 상태에 대해 느꼈던 것들을 신비 상태 자체로 생각하여서 신비적 상태에 수반된 것을 실재 자체로 보는 것 같았다. 하지만 나의 확신은, 묘사되고 설명된 어떤 것도 그 자체로는 신비적 만남일 수 없다는 사실에 있다. 왜 그런가? 신비적인 만남은 엄밀히 말하자면, 하나님 그분과의 직접적인 만남이기 때문이다. 데레사와 요한은 이것을 확신했다. 다음은 그들이 신비적 만남에 관해 말한 핵심적인 진술이다. 이 물은 '근원으로부터 직접' 흐른다. '하나님께서 가까이 오셨다.' 그분은 '매우 가까이' 계신다. 십자가의 요한에게 신비적 만남은 '하나님께서 영혼으로 흘러들어가는 것'이다. 그들은 그 이전의 기도의 모습들을 '간접적'인 것으로 본다. 하나님은 '자연적'natural 채널을 통해 일반적인 방법으로 말씀하시고 소통하시고, 주부적 관상 혹은 신비적 관상에서 하나님은 '직접적인 접촉'을 하신다는 것이다. 이것은 하나님 자신과의 접촉이며 그분에 관해 자신이 만들어낸 이미지와의 접촉이 아니다. 그러므로 그 주제는 '초자연적'supernatural인 것이 된다. 일반적 기능을 넘어서는 방법으로 접촉하는 것이므로 형태mode에서도 '초자연적'이다. 내가 확신하건대 이것에 관해서는 누구도 논쟁하지 않을 것이다. 하나님과의 만남이 본질상 물질적 기능material faculties을 지나거나 넘어서는 것이 틀림없다고 주장할 때에는, 그것이 비밀스러운 것임이 확실하다고 말하고 있는 것이다. 십자가의 요한은 '그것을 수용하는 지성의 관점에서는 비밀스러운 것'이라고 주장한다.

그렇다면 이러한 놀라운 경험들, 폴랭과 같은 사람들이 염두하고 있는 소위 '신비 경험들'을 소개받을 때, 우리는 무엇을 주목하고 있는가? 데레사는 정원과 물의 이미지를 사랑했다. 그녀를 정원이라고 생각해보자. 그것은 결코 마르지 않는 깊은 지하 샘에서부터 물을 공급받는 매우 비옥한 정원이다. 아름다운 분수가 정원위로 뿜어져 나온다. 우리가 가진 첫 인상으로는, 이 분수가 정원을 비옥하게 하는 근원인 것 같다. 이것이 토양에 물을 대기 때문이다. 정원이 만약 의식이 있다면 그도 이렇게 생각할 것이다! 우리는 오해하고 있다. 자세히 들여다보면 우리가 보고 있는 것은 실제로 분수가 아니며 그것은 정원이 위치해 있는 특정한 지역으로부터 발생하는 현상(토양과 기온에 맞는 구체적인 현상)이라는 사실을 알게 될 것이다. 이 우물물을 공급받는 정원에서 발생하는 수증기가 분수처럼 정원 위로 솟아 있었던 것이다. 그리고 아마 부드럽고, 습기로 된 수증기는 정말 꽃들을 덮어 신선하게 해줄 것이다. 그러나 그것은 분명 정원의 비옥함의 원처이 아니다 데레사라면, 보이지 않는 지하의 샘과 이 눈에 보이는 아름다운 거짓pseudo-분수와 연관성이 있다고 주장할 수 있다. 바꿔 말해, 그녀의 경우 '호의'는 신비적 은혜로 인해 일어나는 효과로 볼 것이다. 그러나 그 효과는 신비적 은혜 자체는 아니다. 어떤 식으로든 그 효과는 신비적 은혜에 필수적이지 않다. 그것은 단지 정원을 더 아름답고 보기 좋도록 해줄 뿐이다.

다른 정원을 방문해 보자. 아름다운 광경이다! 멋진 분수가 한 쪽에서 다른 쪽으로 활 모양을 그리고 있으며 무지개처럼 아름답게 빛을 흩뿌리고 있다. 우리는 감탄에 빠진다. 그러나 잠깐... 양배추를 보라! 꽃들을 보라! 그것들은 어디에 있나? 몇몇은 시들은 줄기만 있을 뿐 다른 것은 거의 찾아 볼 수가 없다. 그 땅은 바짝 말랐고 황량하다. 땅 아래에는 샘이 없다. 그렇다면 무엇이 이 같은 분수를 만들어냈을까? 많은 설명이 있을 수 있다. 이러저러한 과학적 속임수, 또는 토양 안에 있는 특별한 광물질 때문이라고 설명할 수 있을 것이다. 그러나 이 경우에 확실한 것은, 그것이 땅 아래의 샘과 아무 관련이 없다는 사실이다. 왜냐하면 그곳에는 샘이 없기 때문이다! 이처럼 어떤 경우에는 데레사에게서 처럼 신비적 은혜가 소위 정신적 능력psychic powers 에 까지 영향을 미쳐서 신비적 은혜가 흘러넘친다. 하지만 그녀와 유사한 경험을 했다는 이유만으로 그 경험이 동일한 신비적 원천으로부터 나왔다고 결코 말할 수는 없다. 다시 한 번 강조하지만, 심지어 데레사의 경우에서 보이는 이러한 흘러넘침도 은혜의 실재와 비교한다면 별로 중요하지 않은 것이다. 환상에 불과한 분수와 지하 샘의 비교처럼 말이다. 우리는 단지 '그 열매로 그것들을 알 것이다.' 그러나 진정한 신비관상의 열매에는 매우 특별한 자질quality이 있다.

신비적 은혜와 그로 인한 넘쳐흐름 사이의 관계에 대한 또 다른 예는 선함goodness과 매력charm의 차이에 있다. 우리는 이 차이를 안다. 그렇지 않은가? 어떤 사람은 매력이라고 부르는 신비한 자질을 많이 부여 받았다. 이것은 무엇일까? 말로 표현할 수는 없으나, 어떤 이는 이것을 가졌고 어떤 이는 그렇지 않다. 그러나 평범한 선함도 매력이 수반되기만 하면 빛나기 시작한다는 사실을 알고 있지 않은가? 우리는 너무 쉽게 선함을 높이 평가하고 우리는 현혹되기 시작한다. 우리를 눈부시게 하는 것은 단지 매력일 뿐이라는 사실을 알지 못한다. 선함도 매력이 없으면 간과될 수 있다. 선함은 매력에 특별한 자질을 부여할 수도 있으며 거룩함은 더욱 그렇다. 그러나 본질적으로 그 둘은 명확히 구별된다. 매력 없는 거룩함은 거의 인식되지 않는다. 반면에 선함에 수반되는 매력은 인기를 끌 수 있는데, 선함이 거의 없어도 그렇게 될 수 있다. 다시 말하자면, 중요한 점은 꽃과 양배추의 자질이지 분수의 아름다움이 아니다.

신비적 만남 그 자체mystical encounter itself와 신비적 만남으로 인해 있을 수 있는 정신적 능력의 효과가 구별되어야 한다는 이 주장은, 결과적으로 수 세기 동안 있어 온 '하나님 임재의 느낌'(신비적 은혜에 관해서 가장 적당한 주장으로 꼽을 수 있는 것)에 대한 높은 평가를 반대하는 것이 된다. 그런데 개방적이고 지성적인 사람이라면 신비주의에 관한 논문들 속에 내재하는 모순들을 파악 못할 리가 없다. 하지만 이 같은 높은 평가는 지금도 이루어지고 있다. 당신은 데레사의 글 안에 있는 모순과 그녀도 어찌할 수 없는 자신에 관한 의문을 보게 된다. 그 의문 때문에 데레사는 그녀에게 일어난 현상들에 관한 권위 있는 확신을 찾으려고 애쓴다. 왜냐하면 깊은 수준에서는 '어떤 것이 어떤 곳에서는 맞지 않기' 때문이라는 것을 알기 때문이다. 그 어떤 곳에 거대한 물음표가 있다. 당신은 다음과 같은 논쟁이 되는 질문에 관한 말들을 찾을 수 있다. 예를 들면 신비적 삶으로의 부름이 모든 사람에게 해당하는 것인가, 주부적 관상은 거룩함을 위해 필수적인가, 또는 거룩하기는 하지만 아직 이 선물을 받지 못할 수 있는가와 같은 질문 말이다. 이런 질문들은 수 세기 동안 진지한 사람들의 관심을 끌었으며 그 결과 영성에 관한 다른 '학파'가 생겨 서로 다른 견해를 가지게 되었다. 가르멜 수도회 학파는 '능동적 관상'이라는 형식을 고안해서 그 문제를 다루었고, 다만 복음서의 가르침에 집중하면서 위에서 했던 구별을 신중하게 마음에 두라는 단순한 대답을 했다.

폴랭이 신비적 상태를 열망하는 것이 주제 넘는 일인가라는 질문을 했을 때 그가 겪은 어려움을 보도록 하자.

> 만약 기도의 초자연적 상태가, 단지 성화sanctification의 수단, 즉 거룩함의 은혜를 받는 수단이라면, 그것을 열망하는 것에는 어떠한 어려움도 제기되지 않는다. 그러나 기도의 초자연적 상태는 특별한 은혜이고, 특권이며, 신적인 친교이므로 이것과 더불어서 하나님에 관한 겸양의 경이marvels of condescention를 가져 온다. 그리고 평범한 사람들이 숭고하다고 여기는 높이까지 영혼을 고양시키게 된다(『내적 기도의 은혜』).

이 구절은 확실히 전통 안에 남아있는 해결되지 않은 모순을 요약한 부분이다. 그것은 기도에 관해서, 관심과 집중이 인간에게 향해 있다는 사실로부터 비롯된다. 기도의 상태를 인간이 무엇을 하고 무엇을 느끼는가에 관한 것으로 평가한다는 것이다. 하나님의 임재를 인식한다면, 그들이 말하듯이 '붙잡힘'을 느낀다면, 그리고 흡수되어버린다면, 우리는 신비기도의 상태라고 추측한다. 반면에 어떠한 희열 suspension도 없고 하나님 임재의 느낌도 없다면, 기도가 신비적이지 않다고 말한다. 그러나 생각해보면, 신비적 기도가 되었다는 것은 너무 특별한 일이 아닐까? 틀림없이 기도의 본질은, 심지어 초기 단계에서도 하나님을 향해 있는 것이다. 하나님의 본성은 자신을 내어 주시는 것이 신비기도에서는 더더욱 최고의 진실이 된다. 왜냐하면 이 뛰어난 기도는 '하나님이 하시는 것'이기 때문이다. 인간이 이런저런 방식으로 정신의 능력을 사용하거나 인간의 마음이 이것저것을 만들어내면서, 마치 우리 안에서 일어나는 하나님의 활동이 그러한 것들에 의존하는 것 마냥 인간이 어떻게 처신하느냐가 매우 중요하다고 생각할 수 있는 것인가? 만약 우리에게 믿음이 있다면, 확실히 하나님께서는 당신 자신을 측량할 수 없을 만큼 베풀어 주신다는 것을 알게 될 것이다. 그리고 우리의 부족한 감각의 다림줄로는 그 베푸심의 깊이를 측정하려는 시도도 할 수 없다는 것을 알게 될 것이다.

거룩함sanctity이 의미하는 요점에 대해 이야기해 보자. 폴랭은 신비적 은혜는 '거룩함의 은혜'와 구별된다고 말한다. 거룩함은 무엇인가? 그는 신비적 연합이 주는 '특권'과 '신적인 친밀감'보다 아래에 있는 단계라고 주장한다. 하지만 틀림없이 거룩함은 필연적으로 위의 것들을 내포하며 그것이 바로 신비적 연합이다. 신약의 메시지에 따르면, 하나님과의 연합, 신적 친교, 친밀감, 들어오지 못했던 특권 등은 확실히 인간이 목표로 하는 것들이다. 이것은 예수님 안에서 아버지께서 주신 약속이며 이를 위해 예수님께서 죽으셨다. 우리는 하나님의 아들 안에서 아들들로 불리고 하나님의 상속자로 불리게 되었다. 왜냐하면 그리스도와 함께 상속자들은 하나님의 신적 본질을 공유하며 하나님의 충만함으로 가득 차 있기 때문이다. 만약 신비적 연합이, 구속을 완성함으로써 인간에게 완전한 효력을 준 아버지의 약속과 같은 것이 아니라면, 그것은 가짜이다. 신약의 말씀대로 이것이 인간 모두가 누릴 수 있는 운명이라는 것 보다 더 큰 선물은 없다.

반스톤W. H. Vanstone은 그의 책 『사랑의 노력』love's Endeavour, 『사랑의 낭비』Love's Expense에서 하나님의 아낌없는 내어주심에 관한 감동적인 구절을 썼다. 이것이 계시의 핵심이다.

> 하나님의 활동은 무한한 창조임에 틀림없다. 자신을 주시는 것에 관해 인간에게 어떠한 내면의 한계도 정하지 않으셨다. 하나님은 자신을 받아들이는 인간의 수용 능력을 넓히기를 열망하신다. 우주의 무한함은 하나님께서 자신을 내어주시는 무한함의 표현 혹은 그 결과물로 이해되어야 한다. 왜냐하면 하나님의 주시고자 하시는 열망은 그것을 받는 대상의 한계를 확실히 넓혔기 때문이다. 어떤 것도 자신을 내어주시는 그 창조로부터 유보될 수 없다. 쓰지 않고 남겨두신 신적 능력은 없다. 은하계의 영광 및 우주의 위엄과 비교하거나 대조할 만한 '하나님의 영광' 혹은 '하나님의 위엄'이란 없다. 하나님께서 주신 우주의 힘을 넘어서는 '하나님의 힘'은 없다. '영원한 우주' 보다 더 오

래 지속되는 '하나님의 영원함'은 없다. …하나님은 자신을 내어주시는 데 있어서 조금도 망설이지 않으신다. 하나님 안에 소모되지 않고 남아있는 것은 아무것도 없다.

자신을 낭비하시는 그분은 당신의 선물의 무게를 신중하게 재면서 '하나님의 친밀감'을 소수에게만 주시고 다른 사람에게는 유보하시는 분이 아니다. 어떤 사람에게는 넘치도록 관대하시면서 나머지에게는 인색하신 분이 아니다. 당신을 받아들일 수 있는 만큼 자신을 내어주신다. 하나님은 자신을 더 많이 주실 수 있도록 언제나 노력하신다. 일부 사람들은 이러한 삶에 들어가서 하나님과 깊은 친밀감을 맛본 것이 사실이지만 그런 사람들은 소수였다. 그러나 이 친밀감, 이 신비적 연합은 폴랭이 말한 것처럼 심리적 경험으로 증명될 수는 없다. 예수님께서 우리에게 연합의 분별 기준을 주신다. 그것은 '내가 너희를 사랑한 것 같이' 사랑하며, 그분께서 아버지의 명령에 따르신 것처럼 그분의 명령을 따르는 것이다. 이것은 예수님께서 하나님께 대한 완전한 복종 안에서 사신 것처럼 사는 것이다. 완전한 복종을 하신 예수님을 따르는 것은 인간의 노력만으로는 불가능하기 때문에 하나님의 선물이 필요하다. 신적인 에너지의 주입, 예수의 영, 그리고 아버지의 약속이 필요하다. 이것이 신비관상과 주부적 관상의 정확한 의미이다.

데레사와 요한이 하나님의 선물에 관해 말한 것을 샅샅이 파헤쳐 보면 다음과 같다. 즉 이것은 하나님의 순전한 선물이라는 것이다. 그것은 결코 우리 스스로의 노력으로 얻을 수 없다! 아무리 깊이 묵상을 하고, 자신을 혹독하게 다루며, 많은 눈물을 흘려도 이 생수를 만들어 내지 못한다. 이것은 전적으로 새로운 어떤 것이다. 이전에 했던 것의 심화가 아니며 더해진 기술이 아니다. 이것은 연속성이 아니고 단절이다. 이미 말한 대로 이것은 하나님과의 직접적인 만남이다. 이 만남은 우리를 정화시키며 변화시킨다. 비록 우리의 힘으로 이것을 성취할 수는 없지만, 아낌없는 준비가 필요하다.

이것이 바로 신약이 말하고 있는 아버지의 약속이다. 이것은 공관복음서에서 '하나님의 나라'라고 말한 것이며 요한복음에서 말한 '영원한 생명'이며, 바울에게는 그리스도와 영원히 사는 것을 가리킨다. *Way of Perfection*에서 데레사가 첫 번째 신비적 은혜를 말하기 시작할 때, 의미심장하게도 그 은혜는 파테르 노스테르Pater Noster 즉 '당신의 나라가 임하소서', '그분은 우리에게 이 땅에서 당신의 나라를 주시기 시작하셨습니다'라는 맥락 안에 있다(*Way of Perfection*, 30).

예수님께 있어서 하나님의 나라라는 주제는 자신의 마음의 노래이다. 겨울을 파고들어 세상에 꽃을 피우는 봄의 시간이다. 그분은 하나님의 나라를 위해 자신의 생명을 바치셨다. 그분은 당신의 말에 진정 귀 기울이는 자들에게 그리고 겸손한 마음을 가진 자들에게 비유로써 하나님 나라의 비밀을 드러내셨다. 때때로 하나님의 나라는 우리에게 다가오는 어떤 것 또는 우리 안에 있는 무엇이다. 내가 생각하기에, 그 비유를 듣다보면 우리는 그것의 가장 깊은 의미로부터는 나와서 하나님 나라의 집단적 측면이라고 여겨지는 것에 관심을 고정시킬 수도 있다. 예를 들어 보자. 이스라엘에서 빈약하게 뿌린 씨앗이 전 세계적으로 영향을 끼칠 수 있는가? 이것은 정말 이치에 맞는 일인가? 하나님은 자신을 집단에 주시지 않으시고 오직 개인에게 내주신다. 만약 하나님 나라가 인간 세상에 스며들었다고 한다면 그것은 오로지 각 개인의 마음이 그것을 받아들였을 때의 일이다. 사랑으로 변화된 개인만이 세상에 존재하는 하나님 사랑의 구현체이다. 변화의 원리가 되는 누룩이 제공되면, 개인의 마음은 이것을 받아들이거나 거절한다. 누룩을 받아들인다면 변화의 내재적 힘은 무한하다. 잘 준비된 땅에 뿌려진 환영받는 씨앗은 스스로 역동성을 가진다. 그것은 싹이 나서 많은 결실을 맺게 될 것이다. 만일 땅이 잘 준비되지 않아서 씨앗이 환영받지 못한다면, 그것은 아무것도 아니게 된다.

용서하시는 아버지의 사랑은, 우리가 행복이 되시는 하나님을 피할 때에도 뒤쫓아 오신다. 우리는 그분의 품안에서만 구원을 발견할 수 있다. 그분의 품안에서만 허물은 씻기고 아름다움으로 옷 입게 된다. 우리는 그 사랑의 포옹을 받아들일 수 있지만, 그것을 피하면서 인생을 낭비할 수도 있다. 바스톤이 감동적인 지적을 했듯이, 하나님의 아낌없이 자신을 내어주시는 사랑은 실패의 위험을 무릅쓴다. 그러나 그 선물(물론 그분 자신이다)을 강요하지는 않으신다. 이것은 비움$_{kenosis}$의 속성 중 일부이다. 그분은 우리에게 경멸당하실 수 있다. 그분께서 주시는 사랑의 승리와 실패는 우리에게 달려 있다. 우리의 마음을 보여주는 비유들이 있는데, 일부는 사랑을 받아들이지만 일부는 거절하게 되는 비유이다. 그것은 그물 비유, 밀과 가라지의 비유이다. 예외 없이 모두에게 주어지지만 소수만이 완전히, 일부는 좀 많이, 일부는 좀 적게 복종하고 어떤 이들은 거의 복종하지 않는다. 우리는 하나님 나라를 주부적 관상 또는 신비관상이라는 낯설고 사랑이 담겨 있지 않은 듯 한 표현으로 바꿀 수 있다. 나는 이 용어를 사용하는 것을 매우 싫어한다. 그 말을 쓸 때마다 반감을 느낀다. 그러나 내가 이 책에서 하고자 하는 것을 완수하고, 이미지가 그려진 모든 석판을 깨끗이 해서 우리에게 금지된 신비로운 영적 영역이란 없다는 사실을 모든 사람들로 알게 하려면, 그 단어를 사용해야 한다. 그들도 원한다면 하나님의 충만함, 즉 폴랭이 말한바(얼마나 많은 사람들이 이 말에 찬성하는지!) '보통 사람에게는 숭고한 것으로 여겨지는 높이'로 가득 찰 수 있다. 그러나 그의 말을 추론하자면 이것은 보통 사람들을 위한 것이 아니다. 그 비극이란! 이것이 그들이 이뤄낸 업적이다. 결과는 무엇인가? '그런 일은 우리와 맞지 않아'라며 합리화하고 게으름과 무관심을 불러 일으켰다. 그것은 우리로 하여금 현혹시키는 분수에 관심을 고정하게 하고, 분수가 예수님께서 말씀하신 '생수의 샘'인 것으로 착각하게 하였으며 이를 외면하도록 만들었다. 하지만 예수님께서는 당신이 예수님께 요청한다면 당신에게 생수를 주실 것이라고 말씀하신다.

전혀 새로운 것, 즉 신적이며 하늘로부터 온 어떤 것이 인간 세상 속에 들어 왔다는 것, 이전에는 있어 본 적도 없고 인간 스스로는 도달할 수 없으며 꿈도 꿀 수 없었던 하나님과의 직접적인 만남이 이루어진 것. 이것이 요한복음의 전체 주제가 아닌가? 그것은 값없이 모두에게 제공되는 순전한 선물이다. 예수님께서는 자신을 주시고자 하는 열망을 강조하시면서 크게 외치신다. 그렇다고 우리가 강요당하지는 않는다. 그저 사랑의 선물을 받아들이면 된다. 받아들인다면, 우리 인성을 정화하시고 변화시키셔서 하나님의 포도주로 만드실 것이다. 그것은 하나님께서 당신의 백성과 함께 계시는 전혀 새로운 길을 여는 것인데, 그 길을 통해 하나님은 그들의 마음 속 깊은 곳에 거하시고 당신이 만드신 성전에서 우리의 영과 진리로 드리는 예배를 받으신다. 그것은 생명의 물을 주는 마르지 않는 샘이며 죄 있는 인간 존재의 고인 웅덩이를 대신한다. 그 샘은 마음 속 깊은 곳에 있고 끊임없이 삶을 새롭게 해준다. 그러한 삶은 인간에게 있어 유일하게 진실한 삶이며 하나님 자신의 삶이다. 그것은 신성한 빵이다. 그것은 인간에게 영양분을 공급하고, 인간으로 하여금 하나님으로 인해 살게 하며, 그를 하나님과 같은 존재로 변화시켜서 썩지 않는 삶을 살게 할 것이다. 이 썩지 않는 삶을 육체가 공유하게 되므로, 죽음은 아무런 의미가 없게 된다. 이러한 새로운 것에 의해 인간은 하나님의 아들들이 된다. 예수 그리스도를 받아들이는 것은 죽음을 받아들이고, 그분과 함께 죽음 안으로 들어가는 것이다. 이것만이 전적으로 새로운 것이 침입해 들어갈 수 있는 유일한 문이다. 인간이 새롭게 창조되고 성령으로 인해 다시 태어나려면 십자가, 즉 죽기까지의 복종이 있어야 한다. 이 놀라운 생각은 우리가 신비적 연합을 생각할 때에 늘 같이 있어야 한다.

신약 성서에는 이 거룩한 선물, 즉 하나님의 나라, 영원한 생명이

곳곳에서 크게 다루어지지만 동의를 강요하지는 않는다. 오히려 정반대이다. 예수님께서는 그것의 숨겨진 특성을 제시하셨는데, 그것은 일상 조직 속에서 마치 분실된 것 같다. 씨앗은 자란다. 그러나 농부는 보지 못한다. 조용히 은밀하게 어떤 관심도 끌지 않고 자란다. 우리 가운데 계셨던 예수님의 삶은 마치 이와 같았다. 그렇기 때문에 조롱당하고 거절당하셨다. 신적인 행위임을 증명하도록 이적과 기사를 요구했을 때, 그분은 이를 물리치셨다. 십자가에 달리신 그리스도의 복종은 원하는 자는 모두 받을 수 있다는 하나님의 넘치는 사랑의 표중sign이다. 이것이 가장 신적인 행위였으며, 최고의 창조적 행동이었고, 존재의 정점이었다. 그러나 무엇이 이러한 의미를 흔들어 놨을까? 세상의 지축을 흔들었던 오순절의 요동치는 바람, 불의 혀의 이미지는 단지 세상을 뿌리까지 흔들며, 우리를 사랑의 불로 채우시는 아버지의 약속, 하나님의 숨겨진 활동의 생생한 이미지였을 뿐이다.

이 점을 좀 더 알기 위해서는 요한복음 마지막 담화에 있는 '상호내재'에 관해 성서학자 다드C. H. Dodd가 한 말을 읽어 보자. 그것은 '하나님과 인간 사이에 있는 최고로 친밀한 연합을 포함한다. 그것은 존재의 진정한 연합이며, 생명의 공유이다. …그것은 신적 에너지의 역동적인 유입이다. 그것을 통해 인간은 하나님의 말씀과 하나님의 일들을 말하고 행한다.' 이것은 데레사와 십자가의 요한이 말한 주부적 관상에 관한 완벽한 묘사이다. 다드는 더 나아가 복음서 저자인 요한이 신비가라고 불리는 것이 적절한지를 물으며 그 용어의 다양한 용례를 다음과 같이 고찰한다.

우주적 감정cosmic emotion은 흔하지 않다. 철학자가 그것을 범신론적 의미를 가진 '하나님'과의 일치로 해석해서, 천지만물에 관한 이론에 색깔을 더하는 것과 어떤 비정상적인 육체적 상태를 신적인 영에 '사로잡히는 것'으로 해석하는 것은 가능한 일이다. 그러나 이 두 경우에는 개별적인 하나님과의 연합에 관한 증거가 없다. 왜냐하면 다시 말해 우리가 잘 아는 유일한 인격적 연합은 사랑이기 때문이다. 요한은 이것이 진실로 기독교 안에 있는 하나님과의 연합이라 말하고 있다. …그것은 본질적으로 초월적인 것이므로 이 세상의 것이 아니다. 그러나 그 연합은 땅을 굳건하게 세우고 이웃을 위한 자기희생이라는 사랑의 결실을 맺는다. 그것은 하나님의 쏟아 부으시는 사랑의 결과이지 그것의 원인이 아니다.

다드는 다음과 같은 결론을 맺는다. '이것이 신비주의로 불려야 하는지 나는 모르겠다.' 데레사와 십자가의 요한은 힘주어 대답할 것이다. '이것이 바로 신비주의가 의미하는 바이다!'

'신비적'이라는 용어는 알다시피 기독교에만 국한되지 않는다. 그것은 교양 있는 세상에서 가져온 단어 중 하나이다. 그 단어는 신비의 인식, 초월 경험, 고양exaltation, 감각을 직접적으로 자극하는 것을 통하거나 그것을 넘어서는 환상vision, 그리고 보이지 않는 세상을 지나가면서 흘끗 봄 등을 생각나게 한다. 기독교인들이 자신의 종교행위에서 이와 같은 것을 느낄 때 결국 이것은 인간에게 일어나는 현상이며 기독교인도 인간인 것이다. 이런 경험을 할 때 그들은 자연스럽게 자신들이 받아들인 단어에 의존한다. 그것은 경험의 범위 안에 있으며 보통 '신비적'이라고 말하는데, 우리는 이를 고찰할 필요가 있는 것이다. 왜냐하면 대게 이것은 진정한 신비, 즉 신성의 세계로의 돌파 breakthrough와 혼동되기 때문이다. 앞에 것은 인간의 행위이다. 그러므로 '혈'과 '육'의 한계 안에 있다. 뒤의 것은 한계를 초월하는 하나님의 행위이다. 혼 또는 영의 신학적, 성서적 개념과 인간 정신psyche이라는 개념의 혼란은 흔하게 일어나는 일이며 이것이 오해의 근원이 된다. 또는 이 둘을 구별하더라도 신비적 삶이 필연적으로 정신적 psychic 능력의 증가 안에서 드러난다고 가정한다. 그렇지 않다. 잘 발달된 정신적 인식psychic awareness을 가진 사람들은 많이 있다. 우리는 편의적으로 그들을 '민감한 사람들' sensitives이라고 부를 수 있다. 결코 종교적이지 않은 사람들 가운데서도 그러한 사람들을 찾아볼 수 있다. 그들이 가진 것은 자연적 재능이지 그것을 높은 재능이라 말할 수는 없다. 그것은 더 원시적인 종족에게 속한 것 같다. 대체로 아이들이 그런 재능을 가지고 있는데, 그것은 완전한 자아인식으로 가는 하나의 단계인 것 같다. 정신적 인상에 복종하는 것은 덜 성숙한 인간에게 주어지는 것이다. 일반적으로, 정신적 능력은 자기-인식이 성장할수록 줄어든다. 그런데 영적 생활과 연관된 어떤 수행들(통제, 마음의 침묵, 금식, 잠자지 않는 것)은 직접적인 목적은 아닐지라도 적어도 부지불식간에 정신적 능력을 촉진시킨다. 몇 가지 요가 수행 그리고 다른 철학에서는 정신적 상태psychic states를 매우 바람직한 의식의 상태라고 하면서 적극적으로 권장하는데, 이러한 정신적 효과를 기독교의 기도 상황에 대입할 때에, 그것은 진정한 신비주의로 오해된다. 우리에게 기도의 여정에 관한 이야기를 해준 사람들은 대부분 '민감한 사람들'에 속해 있었으며, 정신적 효과와 신비적 은혜 자체를 구별하는데 실패해 왔다는 것을 인정해야 한다. 데레사는 탁월하게 '민감한 사람'이었다.

정신psyche에 관한 현대의 과학적인 조사에 유의했지만, 만일 데레사와 다른 신비가들을 이해하지 못한다면 우리는 대부분 그것이 매우 신비해서 아직 탐구되지 않은 차원의 것이며 어떤 일이든지 발생할 수 있는 그 무엇이라고 결론 내리게 될 것이다. 과학적으로 증명되지 않으면, 내가 주장한 많은 부분들이 믿기 어려운 일이 된다. 예를 들면 한없는 행복을 주면서 모든 죽음의 두려움을 앗아가는 아름다운 음악, 자연적인 근원에서 도저히 맡아질 수 없는 냄새, 앞으로 일어날 일에 관한 지식, 멀리서 일어나고 있는 일에 대해 아는 것, 몸 밖으로 나가서 자신을 보고 있다는 느낌, 죽음의 문턱에 다다른 것 같은 기분, 천국의 황홀감 등이 있다. 정신의 세계에서 일어나는 것에는 끝이 없다. 종종 이런 두렵고 신비한 광대한 경험들은 우리이 물질적 존재에 속하며 그것의 일부이다. 성서적이고 신학적인 의미에서 이것은 '영'에 속하지 않는다. 이것은 바울이 말하듯이 '혈과 육'에 속한 것이므로 하나님 나라에 들어갈 수 없다. 그것은 '살아있는 생물적animate 존재', 즉 물질적 세계와 공유하고 있는 것이며 그 자체로는 '영'과 관련이 없는 존재로서 인간에게 속한 것이다. 다만 물질적인 모든 것이 영의 성장을 위해 있는 한에서는 예외이다. 매우 높은 '영적 경험'을 가지는 것은 가능한 일이다. 그러나 하나님을 향한 능력에서 그것은 단지 태아의 수준에 불과하다. 이처럼 그러한 경험이 종교와 기독교 기도의 정황아래 있을 때에는, 자신들이 여태껏 가지지 않았던 중요성을 획득할 수 있다. 그것은 내면적 삶의 초기 단계에서 활발하게 작용할 수 있지만, 만약 그 기초가 되는 물질성에 관해 명확히 하지 않으면 잘못된 길로 빠질 수 있다. 신비로운 길에 들어섰지만 그러한 경험에 빠지기 쉬운 사람들에게 그 경험이 계속적으로 작용할 수 있고 또다시 잘못 해석될 수 있다. 그 자체로 그것은 인간 경험이며, 그 밖의 다른 것들과 같이 잘 사용될 수 있으나 남용될 수도 있다. 잘 이해하고 겸손히 사용한다면 그것은 자극제가 되어서 도움이 될 것이다. 하나님께서 도움이 된다고 보신다면 이러한 장치를 적극적으로 사용하실 것이다. 그러나 깨달아야 할 점은, 그 장치가 책 읽을 때, 음악을 듣고 행복하거나 영감을 받을 때, 타인에 의해 감동을 받을 때 사용되는 장치와 같은 종류의 것이라는 점이다. 즉 이것들은 우리를 가르치거나 당신께로 인도하도록 하나님께서 사용하시는 모든 감각적인 수단이다. 그 자체로는 영을 직접 알 수 없으며 감각의 영역에 속해 있는 것이다.

주부적 관상에 관한 데레사의 글에는 전반적으로 모호한 것이 있다. 그녀는 종종 그것을 인식하고 있었지만 해결하는 방법을 알지 못했다. 분명히 그녀는 혼동하고 있었다. 정말로 그녀는 신비적 은혜로 인해 자신의 정신psyche이 일으켰던 반향들을 은혜 자체로 혼동하고 있다. 십자가의 요한은 이런 혼란을 겪지는 않았다(그는 자신의 글에서 그것과 반대되는 것을 힘 있게 논증했다). 그녀의 경우에는 그 이상의 어떤 것이 있는데, 이것은 다른 곳에서 내가 '라이트 온' light on 이라고 언급했던 것이다. 이것에 대해 말 할 때가 왔다.

'라이트 온'의 경험은 그 자체로 신비적 은혜인 것은 아니다. 이것은 신비적 은혜를 드러내주며 엄격한 의미에서는 초자연적인 것이다. 즉 하나님으로부터 온 것으로서 그 자체로는 이 세상에서 하나님에 대해 갖는 인간의 경험에 적합하지 않다. 사정이 그러하므로 그것을 신비로운 상태로 놔두는 것이 현명하다. 그리고 그 본질에 집중하는 것보다 그것이 한 일에 집중하는 것이 낫겠다. 라이트 온이 하는 일을 정확히 말한다면, 그 자체로는 감추어진 신비적인 일을 조명하는 것이다. 아마 그것은 하나님의 계획에 따라 사람들 안에서 각자에게 다른 기능을 수행할 것이다. 데레사의 경우, 그 기능은 자기의 영혼을 자신에게 계시해서, 그녀 안에서 행하시는 하나님의 활동을 볼 수 있게 해주었을 것이다. 우리가 파악해야 할 것은 이 은혜는 사람을 다른 수준에 놓아둔다는 사실이다. 즉 그들의 경험은 본질적으로 우리와 다르다. 그것은 매우 귀한 선물이다. 자신의 정신적 지각가 그로 인한 '영적 은혜'가 아무리 대단하다 하더라도, 우리는 자신이 '라이트 오프' light off라는 사실을 당연하게 받아들이는 것이 좋다. '라이트 온'을 보통 '영적 은혜'라는 포괄적 용어 아래에서 분류되는 것과 일치하지 않는다는 사실을 증명하기란 쉽지 않다. 『신비기도에 대한 지침』 *Guidelines for Mystical Prayer*에서 그 주제에 관해 쓴 글에 대한 반응들을 보면, 사람들이 그 구별을 잘 하지 못하는 것이 분명하다. 그러나 이것은 매우 중요하기 때문에 증명하기 위해 노력해야 한다. 필연적으로 '라이트 온'인 사람은 타인들이 그들의 비전을 공유하지 못한다는 것을 깨닫기 시작하면, 위대한 고독 속에 살게 된다. 데레사는 결코 자신을 타인과 구별하지 않은 것 같다. 그러나 그녀는 결과로 인해 그 차이를 알았다. 즉 그녀의 지식과 확신은 타인의 무지 및 확신의 결여와 대조되었다. '라이트 온'은, 두려워 할 것이 많고 확신할 수 없는 모든 이유가 있는 시대 안에서 그녀가 확신을 가지고 글을 쓰게 만든 원천이다. 또한 그것은 수녀들과 그녀의 기도 상태 및 글에 대해 판단하기 위해 앉아 있던 유명한 성직자들과 신학자들 보다 우월감을 갖게 한 원천이다. 데레사에게 작용하고 있던 이러한 신비 현상의 실재를 받아들이지 않는다면, 우리는 그녀의 글을 이해할 수 없다.

비록 '라이트 온'이 우리의 복을 위한 것이지만, 섞인 것이 없는 순수한 것은 아니었다. 이것이 특별하나 신비적인 은혜 그 자체로 인정되지는 않는다. '라이트 온'은 교회 안에서 예언 사역을 수행했기 때문에, 그것을 가진 자들은 보통 영적 삶의 스승들이었다. 그들은 하나님께로 가는 길에 관해 글을 썼던 사람들이다. 그러나 신비생활에 관해 글을 쓴 모든 사람이 '라이트 온'이었다는 것은 아니다. 결코 그렇지 않다. 예를 들면 데레사는 확실히 그런 사람이었지만 십자가의 요한은 확실하지 않다. 그러나 라이트온이 이러한 예언사역에 절대적으로 필요한 것은 분명 아니었다. 필요한 것은 복음서에 계신 예수님을 따르는 것이며 사랑의 계명을 지키는 것이다. 그러나 그분은 우리가 서로를 통해서 빛을 받기를 선택하신다. 왜냐하면 눈멀음과 죄성이 계속 우리를 괴롭히기 때문이다. '라이트 온'은 하나님의 실재에 대한 압도적인 감각을 가지고 우리를 돕는다. 기도 가운데 하나님께 장시간 노출되기를 원하고, 내면으로 들어가기를 소망하는 사람은 이 은사를 가진 자들의 특별한 도움이 필요하다. 그들은 선각자seer로부터, 이들이 아니면 알지 못하는 것을 배운다. 질문이 많은 사람은 항상 물을 것이다. "하나님과의 연합은 무엇입니까?" "신비적 상태란 무엇입니까?" "예수와 아버지께서 믿는 자들 안에 거하신다는 의미는 무엇입니까?" "어째서 그런 것입니까?" "어떻게 되어가는 것입니까?" 이 선각자들은 우리에게 최선을 다해 대답해 준다. 그러나 일반적으로 우리는 단지 지식으로 알뿐 실제로 알지는 못한다. 오직 데레사에게 작용하는 그 특별한 은사를 깨닫고, 이것이 신비 그 자체가 아니라 그것을 비추는 어떤 것이라는 점을 아는 동시에 신비적인 일을 '보게'sight 되면 많은 정신적 에너지가 촉발된다는 사실을 인식할 수 있다면, 우리는 그녀로부터 소중한 지혜를 얻을 수 있고 그것을 이용할 수 있게 된다. 그녀의 '라이트 온'은 이것을 위해 주어졌다. 이미 말했듯이 데레사에게는 명확하지 않은 것이 있으므로 엄밀히 고찰해 봐야 한다. 그녀는 계속해서 3가지, 즉 신비은혜, 그것에 관한 그녀의 '라이트 온' 경험, 정신적 반응psychic response을 혼동하고 있다. 이 혼동과 모순은 자주 불합리를 야기한다. 예를 들어 보겠다. 그녀는 주부적 관상이 가져오는 엄청난 축복과 그것은 하나님의 포옹과 같은 것이므로 다른 어떤 것과 같을 수 없다는 점을 상세히 설명한다. 그것은 '영혼 안에 일어난 하나님의 사랑의 점화'이며, '하나님의 지혜의 가장 순수한 금'이다. 우리는 당연히 다음과 같이 질문할 수 있다. '그런데 하나님은 이 소중한 선물(예수님께서 아버지의 선물이라고 말씀하신 그것. 이것을 예수님께서 구현하셨다)을 단지 소수에게만 주셨을까?' 우리는 그것을 받아들이고자 하는 모든 사람들에게 주어진다는 것을 알고 있다.

나의 딸들이여 이러한 기도의 방법에 도달하기를 열망하십시오. 그러면 그렇게 될 것입니다. 내가 전에 말했듯이, 그 영혼은 거기에서 주님이 허락하시는 호의를, 또는 영혼을 그분께로 더 가까이 이끄는 사랑을 완전히 이해할 수 없기 때문입니다.

그녀는 이 호의를 얻는 유일한 길을 아는데, 이 하나의 길은 주님께서 직접 가르쳐주신 것이기 때문에 무조건 받아들일 수 있는 것이다. 그것은 이전 궁방에서 말한 것을 훈련하고 철저하게 겸손하도록 노력하는 것이다. 이 은혜를 얻는 방법이 겸손이다. 여기까지는 좋다. 만약 이러한 겸손이 있으면, '당신은 주님의 호의와 위안을 받을만한 자격이 있다고 생각하지 않게 되며, 사는 동안 그것을 얻을 것이라고도 생각하지 않게 된다.' 이 순간에도 그녀의 마음에 하나님의 포옹, 하나님의 가까움, 신적 지혜의 순수한 금과 '호의와 위안' 사이에 어떠한 구별도 존재하지 않는다.

그러나 당신은 물을 것입니다. '만약 우리가 그것들을 추구하지 않는다면 어떻게 얻을 수 있나요?' …그것들을 추구해서는 안 되는 몇몇 이유가 있습니다. 첫 번째 이유는, 우리는 자기유익을 위한 동기 없이 하나님을 사랑해야 하기 때문입니다. 두 번째 이유는, 우리의 하찮은 섬김의 대가로 대단한 어떤 것(이탤릭체는 '신적 지혜의 금'과의 명확한 관련성에 주목하도록 하기 위한 것이다)을 얻을 수 있다고 생각한다면 이는 겸손이 부족한 것이기 때문입니다. 세 번째는, 이러한 선물들을 받기 위한 진실한 준비는 위안이 아니라 주님의 고난을 겪고 본받고자 열망하는 것이기 때문입니다. 왜냐하면 어쨌든 우리는 그분의 마음을 상하게 했기 때문입니다. 네 번째 이유는, 우리가 그분의 명령을 지키면 주님께서 반드시 영광을 허락하시듯이 우리에게 그것들을 허락하실 의무는 없기 때문입니다. 저것이 없이도 우리는 구원을 받을 수 있고, 그분은 무엇이 우리에게 좋은지, 그리고 우리 중 누가 당신을 진실로 사랑하는지를 우리보다 더 잘 아십니다. 그것이 내가 아는 확실한 진리입니다. 나는 오직 십자가에 못 박히신 그리스도를 섬기기 위해 사랑의 길을 걷는 사람들을 압니다. 그런데 그들은 위안을 요구하지 않고 열망하지도 않습니다. 오히려 이 세상에서는 그것을 자신들에게 주지 않으시기를 간청합니다. 다섯 번째 이유는, 우리가 헛되게 노력할 수 있기 때문입니다. 왜냐하면 이 물은 다른 물처럼 수로를 통해 흐르지 않기 때문입니다. 아무리 많은 고행을 해도, 아무리 많은 눈물을 흘려도, 그러한 방식으로는 이 물을 얻을 수 없습니다. 이것은 오직 하나님이 주시고자 하는 사람에게 허락되며, 종종 영혼이 전혀 생각하지 않았을 때 주어집니다.

데레사가 여기서 언급한 처음 세 가지와 다섯 번째 이유는 신비은혜 자체에 적용할 때도 틀리지 않다. 하지만 네 번째는 혼란을 가져다 준다. 우리가 그분의 명령을 지키면 주님께서 영광을 반드시 허락하시듯이, '그것들'을 허락하실 의무는 없습니다. '그것들'은 무엇을 말하는 것일까? 이 경우 그 단어는 '호의와 위안'이 틀림없다. 왜냐하면 이미 보았던 대로 주부관상의 은혜는 거룩함에 이르는데 필수적이기 때문이다. 이 생명을 주는 '만짐'은 예수님께서 주시는 구원이다. 그것에 의해 우리는 진실로 하나님의 자녀가 된다. 데레사는 추구하지 말아야 하는 이유에 대해 이와 같이 결론을 맺는다. 그게 무엇일까? '만약 우리 중 누군가가 진실한 겸손과 초연함을 성취한다면. …주님은 우리에게 이 호의(이것은 어느 것을 말하는 것일까?)와 심지어 어떻게 열망해야 하는지 모르는 것들도 틀림없이 주실 것입니다.' 이것이 주부관상 그 자체의 선물에 관해서라면 당연하다! 또 다른 때에는, 그녀는 이 '호의들'이 거짓일 수 있다고 경고한다. 그것들을 받아들인 사람들은 겸손, 초연, 이웃사랑, 그리고 모든 미덕 안에서 스스로 성장하고 있는지를 확인해야 한다. 만약 그렇지 않다고 여기면, 그들은 두려워하면서 그것이 하나님으로부터 오지 않았다고 믿어야 한다. 왜냐하면 하나님께서 영혼을 방문하실 때 항상 그러한 것을 풍성하게 주시기 때문이다. 하나님의 포옹, 생명을 주시는 그분의 만짐이 거짓일 수 있다는 것을 상상할 수 있겠는가? 누가 하나님과 같을 수 있을까? 신적인 만짐은 그러한 본성에서 나오며, 심오한 깊이에서 일어나기 때문에 모방은 불가능하다. 여기서 데레사가 의미하는 바는, 모든 종류의 '경험들'은 그녀의 경우처럼 하나님의 접촉으로 인한 결과와 명백히 일치하는 것도 있지만 영혼의 중심에 계신 하나님과의 접촉에서 나오지 않는 경험들도 있다는 것이다. 그녀는 또한 진정한 '호의'(그녀는 또 다시 이것을 신적인 만짐과 동일하게 보는 오류를 범한다)가 이따금씩 교만을 낳는다고 말하는 것 같다. 따라서 신중하며, 모든 것이 하나님 그분의 선물임을 기억하라고 경고한다. 그러나 확실히 이것은 터무니없는 말이다. 어떻게 생명의 접촉 자체가 우리를 해롭게 할 수 있는가? 그것은 마치 예수님의 치유의 만짐이 나병을 악화시키는데 도움을 줄지도 모른다고 말하는 것과 같다! 그러나 이미 관찰한 것이라도 반복할 가치가 있는 것은, '호의'가 너무도 쉽게 은밀한 교만을 유도한다는 사실이다. 왜냐하면 호의가 '직접 하나님으로부터 온 것'이라고 가정하기 때문이다. 호의 그 자체는 중요하지 않다. 많은 상황에서 일반적으로 일어나고, 의식하든 의식하지 않던 여러 방시으로 촉진된다. 그것은 결코 신저인 만짐을 증명하지 못한다. 우리가 그렇게 생각할 때, 모든 종류의 오해와 위험이 뒤따르게 된다. 데레사는 계속 자신의 애매모호함이라는 저울 위에다 사람의 삶 속에서 일어나는 경험의 결과들을 올려놓는다. 마지막 분석에서 이 경험의 결과물들에 따라 주부적 관상의 실체를 증명하거나 또는 논박하게 되는데, 그녀는 이것에 관한 것을 절대적으로 확신한다.

'경험'에 관해서 우리가 주장하는 입장(신비주의에 대한 명확한 이

해를 위해 매우 중요하다)을 강화하기 위해서는, 한 증인을 내세우는 것이 좋겠다. 그는 데레사가 살던 시기에 그녀와 가까웠으며, 그녀의 영성 생활을 충분히 알고 있고, 그녀의 글을 읽었으며, 그들 주변에서 커져가고 있는 심각한 오해를 목격하였다. 그는 십자가의 요한이다. 나만 요한의 작품 속에서 데레사의 잘못된 해석에 대해 신중하고 정교한 교정을 한 것을 발견한 것은 아니다. 비록 그 자신은 『영가』Spiritual Canticle와 『사랑의 산 불꽃』Living Flame이 증언하듯이 불과 춤을 알았지만(이 책에 관해 할 말은 많지만 지금 하는 것은 적합하지 않다), 『가르멜의 산길』Ascent과 『어둔 밤』Dark Night에 있는 신비 생활에 관한 체계적 주석에서, 그는 바로 그 본질에서 온 주부적 관상은 은폐되어 있고, 그것을 얻는 사람에게는 대부분 비밀로 되어있다는 사실을 계속해서 강조하였다. 그는 영적 소통과 관련된(또는 관련되었을지도 모르는) '인상' impressions, 이미지, 표현들로부터 가차 없는 초연함을 조언한다. '영혼의 본성적 상태와 관련된 모든 것, 그리고 감각적인 것뿐만 아니라 감각적이기도 하고 이성적이기도 한 부분으로부터의' 초연함을 통해, 영혼은 하나님의 순수한 활동, 즉 '더 깊은 내면의 영성'에 개방된다. 그가 우리에게 하나님과의 깊은 친교로부터 초연하라고 말하고 있는 것이 아니다. 그의 목적은 이 깊은 친교를 위해 우리를 자유롭게 만드는 것에 있다.

마지막으로 우리는 또 다른 증인을 부를 텐데, 젊지만 매우 현명한 여인이다. 그녀는 리지외의 데레사Therese of Lisieux이다. 그녀는 여러 모로 그녀의 어머니인 아빌라의 데레사를 닮은 영성에 정통한 여인이다. 그녀는 전적으로 '호의'의 불모지인 길을 걸어갔다. 그녀는 '호의'가 위대한 영성에 대해 권위를 주는 표징임을 의심하지 않는 종교적 분위기에서 살았다. 그러나 낙심하지 않고 완전히 만족하며 자신의 길을 갔다. 이것은 역경을 극복한 사례가 아니었다. 오히려 그녀의 그 어두움이 바로 예수님의 임재였다. 자신의 경험은 전적으로 진정성이 있었으며, 또한 그 경험은 비천한 인간이 되신 예수님과의 연합의 경험이었고, 이것이 우리 인생에서 일어나는 하나님과의 연합이라는 것을 완전히 이해했다. 그녀의 훌륭한 어머니가 그랬던 것과는 달리, 그녀는 자신의 길이 진리임을 확신시켜 줄 지도자의 필요를 느끼지 못했다. 그것은 성장의 불균형 때문에 생긴 위험한 얽힘으로 인해 복잡해졌다. 그래서 이것이 거의 마지막까지 데레사에게 막연한 불안감을 주었다. 그러나 예수님은 '그 날에 너희는 알게 될 것이다. …너희는 물을 필요가 없을 것이다…' 라고 말씀하지 않으셨던가?

다시 데레사의 본문으로 돌아가기 전에, 주부적 관상의 진실을 애매하게 만드는 또 다른 오해가 있다는 점을 밝혀두고자 한다. 그녀는 우리가 시작하도록 해줄 수 있는 이 선물을 가지고 있지 않다는 점을 명확히 말하고 있다. 그녀가 말하기를, 기도는 '초자연적이 되기 시작한다.' 그녀는 덧붙여서 대부분의 사람들은 초자연적 기도의 시작에 들어가기 전에 이전의 궁방에서 상당한 시간동안 머물러 있어야 한다고 말했다. 즉 그녀는 상당한 준비가 필요하다는 것을 전제한다. 소중한 씨앗을 위해서는 밭을 갈아야 한다는 것이다. 그녀는 기독교인으로 세례 받고 주님을 따르며 그분을 섬기기를 노력하는 사람들은 이미 하나님 나라에 들어간 것을 당연히 여긴다. 이것이 매우 일반적인 생각이다. 우리는 '그분을 받아들인' 복된 사람들 가운데 속해 있고 그래서 육으로나 인간의 뜻으로 태어난 것이 아니라 하나님의 뜻으로 태어나서 하나님의 자녀가 되었다고 생각한다. 다른 말로 하면, 우리는 이미 새로운 탄생을 받아들였으며, 우리의 전 존재는 지금 초월적이며 우리의 기도도 그러하다는 것이다. 약속과 잠재성이 너무 쉽게 사실과 완성의 언어로 표현되어 왔다. 만약 복음서를 자세히 본다면, 과연 우리가 천국을 받아들였다고 생각할 근거가 있을까? 우리가 실제로 그분과 함께 살았던 복음서에 등장하는 인물로 보이는가? 그들보다 우리가 나은가? 요점은 이것이다. 예수님께서는 심지어 당신 자신에 의해서도 거절당하셨다. 배신의 시간이 왔을 때, 그들은 믿음을 저버렸다. 우리의 세례 즉 기독교인으로 부른 그 특권, 이 신비적 연합이 인생이 지향하는 목표임을 확인해 준다. 하나님께서 우리를 부르셔서 요구하시는 일이 바로 이것이다. 이것이 우리의 소명이다. 이것은 '단박에 되는 것'이 아니다. 그것을 행해야 하는 것이다.

우리가 구원의 역사라고 부르는 그것은, 모든 인간 마음 안에서 일어나고 있으며 또한 일어나야 한다. 준비와 약속의 단계가 있다. 하나님께서는 자신의 죄 많은 백성들을 교육시키고, 당신이 어떤 분인지에 관한 지식을 주어서 그들이 당신을 닮아갈 수 있도록 하기 위해 일을 시작하신다. 인간이 이것을 깨닫는데도 오랜 준비가 없으면 불가능한 일인데 하물며 하나님을 그분 그대로 받아들이는 것은 어떠하겠는가? 그분은 당신 자신을 표징과 상징 안에서 계시하신다. 하나님께서 직접적으로 개입하실 때까지, 역사의 사건들을 통해 당신의 백성을 훈련시키시고 다듬으신다. 이 백성은 실제로 예수님의 모습을 낳을 수 있다. 하나님께 가장 복종한 아들인 예수님은 이 긴 형성의 산물이시다. 하나님은 그에게 자신을 완전히 전달하신다. 하지만 이것은 한 쪽 측면만 보는 것이다. 다른 측면인 인간이 되신 하나님을 보자. 하나님은 이 세상에 성육신하셔서 자신을 종의 모습으로 드리셨는데, 이는 영광의 하나님 같지 않다. 그렇지만 매우 중요하다. 이것이 주부적 관상에 관한 바른 이해의 핵심이 된다. 역사의 절정에 다다랐다. 위기였다. 인간은 그들의 하나님을 받아들였을까 거절했을까? 우리는 그 답을 안다. 죄의 힘과 인간 마음속에 있는 하나님을 향한 저항의 힘은 거대했다. 이것이 예수님을 못 박았다. 그러나 예수님께서는 시험을 통과하셨다. 그분은 극심한 고통과 죽음 속에서 당신의 아버지를 받아들이셨다. 이 죽음이, 비참하고 고통 받는 존재 안에 계신 하나님을 '보았던' 사람들을 위한 생명의 근원이라는 것을 증명했다. 예수님께서는 완전히 아버지께 복종하셨으므로, 그분의 가장 깊은 마음 안으로 받아들여지셨고 그분의 불 속에서 완전히 변화되셨다. 그는 우리처럼 육신을 입고 모든 육신적 존재의 한계를 겪으면서 우리와 함께 계셨는데, 지금은 성령이 되셔서 모든 형제들을 위한 영의 원천이 되셨다. 그 성령을 통해 인간은 하나님처럼 변화되어 간다. 그러나 동일하게 그들은 예수님 죽음과 그분의 복종으로 들어간다.

연대기적으로 우리는 세 번째 시대 즉 성령의 시대에 살고 있다. 예수님께서는 이미 이 땅에서 사셨으며 십자가에 달리셨고, 부활하셨다. 우리는 새로운 시대에 살고 있다. 그러나 신중히 생각해야 한다. 연대기적으로 새로운 시대에 산다는 것은 중요하지 않다. 중요한 것은 실제로 그렇게 사는 것이다. 역사적으로 말해서, 예수 시대의 많은 사람들이 실제로 그 시대에 살지 않았으며 오히려 구약의 시대에 살았다. 우리 시대도 그렇다. 우리 각자는 구약에서 시작했는데 이생에서는 결코 구약 밖으로 나오지 못할 수도 있다. 그것은 우리의 열망에 달려있다. 우리는 그렇게 하도록 초대받았다. 준비는 어떤 것을 위한 준비일 뿐이지 그 자체로의 가치는 없다. 그것을 벗어나는 것은 진정으로 예수님을 받아들이는 것이다. 이것은 '지진', 세상의 뒤집힘, 세상의 종말을 의미하며, 예수 안에서 새 생명으로 태어나기 위한 죽음이다. 그렇게 산다면, 성령의 시대에 우리가 실제로 있게 될 것이다. 여기서 '기독교인의 삶에는 세 가지 시대 혹은 세 단계가 있다는 전통적 가르침의 성서적 토대를 볼 수 있다. 하나님과 인간의 신비 속으로 깊이 들어갔던 사람들은, 이것이 그러하다는 사실을 안다. 그들은 사물의 바로 그 본성을 통해서는 다르게 변화될 수 없다는 것을 알고 있다. 데레사의 용어로 말하자면 첫 세 궁방은 영혼의 구약적 상태인데, 하나님의 방문을 그곳에서 준비한다. 그것은 '육'의 종교이다. 4, 5, 6 궁방은 영혼이 인자Son of Man의 고통과 만나며 죽음에 참여하는 단계이다. 7궁방은 부활의 삶, 성령의 시대, 모든 것이 영Spirit인 시대이다.

제4궁방(II)

데레사는 첫 문장부터 우리를 방심하지 못하게 한다. 지금까지 그녀가 설명한 것은 비교적 단순했지만, 지금부터 직면하는 문제는 복잡하다. 그 이유는, 이젠 더 이상 인간의 일이 아닌 신적인 일을 묘사해야 하기 때문이다. 완전히 새로운 요소가 들어오기 때문에, 그것에 관해 상당한 경험이 없다면 그녀가 하는 말을 오해할 수 있다고 경고한다. 이 새로운 요소는 궁성의 중심에 계시는 왕과 직접 연결되어 있다. 지금 데레사가 우리를 데려간 방은 정말 성 안에 있다(나머지는 단지 바깥뜰이었다). 그러므로 왕으로부터 나오는 빛과 아름다움이 우리에게 닿는다. 오랫동안 바깥방에 살면서, 소위 왕의 궁정에서 행할 예절을 배우지 않았다면, 더 안쪽에 있는 방으로 들어갈 수 없다고 그녀는 말한다. 이것은 구약적 상태에 있는 인간이 하나님을 몸소 만나기 위해 준비하는 것이라고 할 수 있다. 지금이 그때이며 그 순간이다. 이젠 주님의 나라를 깨닫고 환영할 상태에 있기 때문에, 주님은 우리에게 당신의 나라를 주기 시작하신다. 첫 번째 은혜는 주부적 관상 즉 신비관상이다.

데레사가 하는 말을 이해하고 그 안내를 통해 유익을 얻기 위해서는, 그녀가 설명하고 있는 은혜의 핵심과 이미 언급했던 중요하지 않은 부속물을 구별해야 한다. 또 기억해야 할 것은, 그녀는 그것을 '라이트 온'의 자격으로 보았는데, 이것이 그녀의 실제 경험을 우리와 완전히 다르게 만든 점이다. 그럼에도 불구하고, 어떤 일이 일어나고 있는지를 그녀가 알게 된 것도 정확히 이 '라이트 온' 때문이다. 이것은 우리에게 큰 도움을 준다. 그렇다면 우선 자신의 경험에 대해 묘사한 것을 보도록 하자. 예전처럼 그녀는 느낀 감정(이전에 느낀 경험과는 매우 다르다)을 말함으로써 시작하는데, 이것을 명확히 설명하기 위해 얼마간을 할애한다. 그녀는 이전 궁방에서 느꼈던 감정을 '영적 감미로움' spiritual sweetness이라고 부르며, 4궁방과 이후 궁방에서 느꼈던 감정은 '영적 위안' spiritual consolations이라고 부른다. 두 단계 사이에 있는 차이의 본질적인 핵심이, 대조적인 두 경험에 대한 묘사에 숨겨져 있다. 전자에서는, 경험된 것은 평범한 전달의 통로를 통해 흘러간다(약간 시끄럽게 수도관을 통해 양동이쪽으로 흐르는 물과 같다). 후자에서는, 물이 바로 근원으로부터 흘러나오면서 양동이를 채울 뿐 아니라 넘쳐서 주위로 흘러간다. 잠시 '라이트 온'에 대해서 했던 말을 떠올려 보라. 이것은 영혼 안에 계신 하나님을 계시하고, 그분이 무엇을 하시는지를 보여 준다. 그래서 데레사는 이 같은 신비한 방법으로 하나님께서 임재하시고, 그녀를 사랑하시며, 그녀를 안아주시는 것을 '보았다.' 그녀는 자신의 깊은 곳에서 일어나고 있는 어떤 것에 관해 말하고 있다. 그녀가 명확히 알고 있듯이, 이전에 일어났던 일들은 '내면의 깊은 곳'에서 일어나지 않았다. 그것들은 거기에 없었다. 그것은 모두 하나님에 대한 생각과 느낌들, 선한 업적들, 죄에 대한 탄식과 관련된 것이었다. 그것은 하나님의 것에 집중하는 본성적 활동과 관련된 일이었다. 그런데 지금 그 일을 하고 있는 것은 그녀가 아니다. 어떤 것이 그녀의 깊은 곳에서 일어나고 있다. 그녀의 경우에는, 존재의 모든 부분들이 자발적인 기쁨으로 응답한다. 몸과 영혼이 사랑의 축제에 참여한다. 데레사는 더없이 행복하게 느껴지는 경험과 실제의 은혜를 구별하지 않는 것 같다. 그 물은 동시에 은혜 그 자체이자 기쁨이 가득한 느낌 같기도 했다. 그러나 그녀를 어려운 입장으로 내모는 피할 수 없는 애매모호함에 주목해야 한다. 그녀는 이 궁방의 시작부터 도랑못에서 온 파충류들이 이전 궁방에서와 같이 해를 끼칠 수가 없다는 사실을 알려준다. 그럼에도 불구하고 그것들은 우리를 괴롭히고 당혹스럽게 하며, 투쟁할 수밖에 없게 만든다. 그녀는 이것이 은혜라고 말한다. 우리가 항상 위안의 상태에 있는 것은 위험하다. 그녀는 거기에 계속 빠져있는 것에 대해서 의심스러워한다. 그런데, 만약 이 위안이 신비적 은혜라면, 비록 계속되더라도 해를 줄 수 없다고 하면서 그녀의 생각에 대해 즉시 반대할지도 모른다. 악마가 진정 신비적 은혜를 조작할 수 있겠는가?

    데레사는 그때, 자신에게 일어나고 있는 일은, 사실은 가장 깊은 중심에 계신 왕께서 당신을 느끼게 하려는 어떤 것임을 확신한다. 그것에 대한 자연스러운 반응은 큰 평화와 기쁨의 상태이다. 고요의 기도라 할 수 있겠다. 그러나 우리 즉 인간 측에서 중요한 것은 하나님께 연합하려는 '의지'이다. 데레사가 말하기를, 우리가 무엇을 느끼고 생각하든지, 의지가 하나님과 연합되었음을 알 수 있는 궁극적인 유일한 방법이 있다. 그것은 기도의 효과들과 그에 따르는 행동들이다. 이것이 하나님께 더 근거를 두고 있고 더 헌신하고 있는지를 증명해줄 것이다. 데레사는 '의지'를 어떤 것이라고 여기는가? 우리는 실제로 자신이 의지를 가졌다 또는 지성을 가졌다라고 말할 수 없다. 만약 나의 의지가 하나님을 선택한다면 그것은 나의 인간 의식이 하나님을 선택하는 것이며, 인간 의식이 알고 있지 않다면 이것은 선택할 수 없는 것이다. 그러므로 오성understanding이 하나님께 전념하지 않는데 의지가 하나님께 전념할 수 있는 것처럼 말하는 것은 모순이다. 그러나 데레사가 말하고자 하는 요지는 중요한 것이므로 그것을 깨닫기 위해 노력해야 한다. 의지와 오성에 관해 말하는 것은 우리 자신과 잘 어울리는 물질성과 관련된다. 우리가 설명하려고 노력했듯이, 우선 이 물질성보다 우리와 더 관련된 것은 없다. 성서적 의미로 우리는 '육신'flesh이다. 하나님과 의식적 수준에서 관계할 때, 즉 기도할 때 우리는 자신의 존재를 가지고 그렇게 한다. 즉, '육신'적 존재의 범위 안에서 우리는 그분을 알고 그분을 사랑하려고 한다. 그러나 이 궁방에서 일어나는 일은 물질성을 초월하고 있다. 새로운 존재의 차원이 발전하고 있다. 비록 데레사는 이미 있는 곳으로 향하는 발전에 관해 말하지만, 우리는 새로운 궁방이 만들어지고 있는 중이며 이 궁방은

'영'의 자질을 가지고 있다고 말할 수 있다. 새로운 종류의 삶이 자신의 필요와 작용방식과 함께 시작되고 있는데, 이것은 물질적 한계로 인해 제한받지 않는다. 다시 말하지만, 우리는 여기 이후로는 더 깊은 의지와 더 탐구하려는 오성을 가지지 않는다. 오히려 발전하는 존재인 나는 하나님에 관한 신적인 지식을 받게 되고, 필연적으로 도약해서 사랑이신 그분을 포옹하게 된다. 그분은 나와 연합할 때 자기를 보여주신다. 신적인 접촉은 ' 육 '에게 완전히 비밀이듯이(육은 알 수가 없다), 지금 그와 같은 영의 일에 참여하는 인간에게도 그러하다. 오직 ' 라이트 온'만이 존재의 새로운 차원과 신적인 만남에 대한 반응을 '볼' 수 있다.

데레사는 자신의 전부를 흡수하는 것 같은 은혜를 묘사한다. 그때 일종의 분열이 있게 된다. '의지'는 하나님께 흡수되지만 '생각'은 그렇지 않은 것을 여전히 보게 된다. 생각은 이리 저리 돌아다닌다. 그녀는 7궁방에 도달해서야 그때에 무슨 일이 있어났는지를 확실히 이해하였다고 인정한다. 그녀는 오성과 생각을 구별한다. 만약 '의지'가 사로잡히면, '오성'도 필연적으로 그렇게 된다. 왜냐하면 뒤의 일이 없으면 앞의 일은 불가능하기 때문이다. 발전하는 영적 자아self는 그 사랑에 빠진다. 그러나 생각(예전에는 좋고 가치 있는 일을 했던 물질적 정신임)이 지금 자신이 별 쓸모가 없는 것이 되어 해고된 것을 알고는 매우 화가 나서 야단법석을 떨며, 방해를 하고, 이리저리 돌아다니면서 모든 일에 장난을 친다.

'라이트 온'을 가진 사람들의 경험에 대해선 그만하고 우리의 경험을 보자. 두 개의 중요한 질문이 있다. 첫째, 신비은혜에 관한 일반적 경험은 무엇인가? 둘째, 그것을 받은 사실을 우리는 알 수 있는가? 첫 번째 질문에 대한 대답은 다음과 같다. 보통 일반적 의미로 말하자면, 그 경험은 정확히 비-경험non-experience이다. 우리가 이미 강조한 은혜의 본성에 기초한다면, 그 이유는 간단하다. 어떤 만남이 존재의 깊은 곳에서, 영이 자라는 어느 지점에서 일어났다. 그러므로 본질상 물질적인 인간의식은 그것을 직접적으로 알 수 없다. 경험을 엄밀히 말해 비경험이라고 말하는 것은 어떠한 경험도 없다고 말하는 것과는 다르다. 비-경험도 일종의 경험이다. 그러나 아무리 숭고하고, 데레사가 묘사한 것과 아무리 가깝게 일치하더라도, 영적인 느낌은 은혜 그 자체의 경험은 아니다. 이것은 '라이트 온'이라는 드문 현상을 통하지 않고는 결코 알 수 없다는 것을 의미하는 것일까? 영적인 방법에서 앞서 간 사람들도 그것에 대해 전혀 알지 못하는 것일까? 대답은 다음과 같다. 그들은 그것을 정말로 안다. 그러나 어떻게 알며, 무엇을 아는지는 모른다. 더욱이 우리가 말할 수 있는 것은, 내가 생각하기에 그것이 일어날 당시에는 모르지만, 돌아보면 그 일이 있어났다는 사실을 안다는 것이다. 그들의 일생 중 어느 때에 알게 된다. 이것은 확실하다. 그러나 내가 생각하기에 매우 초기의 은혜를 고려하는 이 시점에서는 그것을 알 수 없다고 말해야 한다. 그러나 그것으로 인한 효과들은 있으며, 비록 정확하게 평가할 수는 없더라도 그것들을 알 수는 있다.

하나님은 우리가 눈을 감은 채로 있기를 원하시며, 당신의 얼굴을 응시하지 않기를 바라신다. 그렇지 않은 다른 시도는 착각을 초래할 것인데, 이것은 단지 일종의 우상을 만드는 것이다. 모세에게 하신 그분의 말씀을 생각하라. '네가 내 얼굴을 보지 못하리니 나를 보고 살 자가 없음이니라. …보라 내 곁에 한 장소가 있으니 너는 그 반석 위에 서라 내 영광이 지나갈 때에 내가 너를 반석 틈에 두고 내가 지나도록 내 손으로 너를 덮었다가 손을 거두리니 네가 내 등을 볼 것이요 얼굴은 보지 못하리라.' 당연히 그래야 하는 진실한 모습이다. 그 만남 동안, 우리는 그분의 뻗친 손으로 인해 어두움으로 가려졌다. 아무 것도 보지 못한다. 그분이 지나가셨을 때 우리는 비로소 지나간 것을 아는데, 아마 당장은 아니며 우리가 응답하고, 성장하며, 이러한 만남이 횟수와 깊이가 증가할 때 그렇게 될 것이다. 우리는 점점 주님을, 그리고 그 내면의 본성을 알게 된다. 그분은 볼 수 있는 얼굴을 주셨는데, 그것은 인간되신 아들의 얼굴이다. 그러나 그 얼굴도 이러한 깊은 만남 안에서만 또는 만남으로부터만 알 수 있다. 그 아들은, 매개되지 않은 분으로서의 하나님을 만나기 위해선, 우리가 들어가 있어야 하는 반석의 틈이다. 견딜 수 없는 그분의 임재를 예수님 안에서는 견딜 수 있게 된다.

신비적 만남에서는, 아무리 찰나이더라도 깊은 자아가 실재Reality를 어렴풋이 봤기 때문에 모조품을 쫓아내지 않을 수 없다. 순간적으로 지나가지만, 어떤 면에서 자아는 이 어렴풋한 것을 결코 잊을 수 없으며, 그것에 따르는 경험의 색깔이 칠해진다. 그 결과 중 하나를 우리는 보통 메마름aridity이라고 한다. 내면에서 성장하고 있는 영적 존재는 이젠 정신mind이 공급하는 형편없는 음식을 못 견뎌한다. 그래서 메마름, 음식에 대한 싫증이 생긴다. 내면의 자아로부터 퇴짜를 맞은 무익하고 공허한 일반적 친교의 주파수대는 모든 종류의 소음과 방해물로 공허하게 울린다. 반면에 결심을 한 자아는 은밀하게 하나님의 양식을 먹는다.

  그러나 메마름, 분심, 내면의 비참함이 신비기도의 필연적 결과라고 결론을 내릴 수는 없다. 여러 번 언급했듯이 다른 기준이 적용되어야 한다. 데레사는 내면의 요동이 건강상태와 기질에 따라 다양하다는 것을 알고 있었다. 모든 사람이 그녀처럼 격심하게 고통을 겪지는 않는다. 열정적이며, 매우 강렬한 그녀의 정신적 기질은 틀림없이 상처를 받기 쉬웠을 것이다. 확실히 '라이트 온'의 신비은혜는 그것으로 인한 정신적 반응과 함께, 그 상처받기 쉬운 취약성을 증가시켰을 것이다. 그녀가 말하곤 했듯이, 주님께서 요동치는 내면의 바다를 고요하게 하고, 그녀의 마음을 붙잡으며, 감각들을 그분 안으로 흡수되게 할 때, 적어도 무의식적으로는 황홀감rapture을 매우 열망한 것은 틀림없다. 그녀의 경우엔 하나님 임재의 생생한 느낌이 진정한 신비생활에 대한 인증이 될 수 있지만, 이 요동과 메마름이 그 기세를 꺾었으며, 항상 드러날 준비를 하고 있는 불안감을 만들었음이 틀림없다! 당연히 그녀는 이 문제를 받아들이는 것이 힘들었다. 그녀가 말했듯이 오랜 시간이 걸렸다. 어느 누구도 그녀를 완전히 안심시킬 수 없었다. 마침내 그 해답을 알았다. 그러나 그것은 7궁방에 있을 때이다. 그녀는 우리가 그녀의 경험으로부터 배워서 불필요한 염려를 피하기를 바랐다. 그녀는 주장하기를, 우리는 마음이 이리 저리 방황하는 것을 걱정하면 안 된다. '그 영혼은 아마 주님이 계신 곳에서 매우 가까운 궁방에서 그분과 완전히 묶여있을지 모릅니다. 반면에 생각은 성 변두리에 머물러서 많은 야생 동물과 해충들로부터 고통을 겪지만, 이 고통으로부터 유익을 얻습니다.' 데레사가 의미하는 바에 따르면, 생각이란 단지 성 변두리에만 있을 수 있다. 그것은 거기에 속한다. 그녀는 이 고통스러운 요동을, 경멸이나 다른 외적 시련보다 더 크고 가장 견디기 힘든 것 중의 하나로 단언한다. 내면의 괴로움은 외적 시련을 더 무게가 나가도록 만든다.

신비기도로 인한 결과를 지속하기 위해서는 '라이트 온 '과 ' 라이트 오프 '에 있는 사람 모두 대범함generosity이 필요하다. 지금은 단지 '라이트 오프'에만 집중하겠다. 하나님의 사랑 안에서의 성장이 아니라 자신을 위해 어떤 것을 얻으려고 기도를 시작하면, 우리는 결코 그분을 받아들일 수 없다. 그러므로 이 단계 위에는 그리스도의 십자가가 걸려 있다. 십자가는 하나님이 전부이며, 인간은 하나님을 향해 나아가는 존재라는 것을 제외하고는 아무것도 아니라는 인간의 확신을 상징한다. 즉 우리 자신 안에서, 피조 세계 안에서 완성을 구하려는 내면의 욕망을 완전히 포기해야 한다. 감각과 본성적 판단에 구속되는 물질적 방식에 대해서는 죽어야하며, 행복이 무엇인지를 스스로 결정해서 추구해서도 안 된다. 우리 너머 하나님의 영역으로 이끌리는 것에 마음을 다해 동의해야 한다. 이것은 궁극적으로는 완전한 복이며 유일한 완성이지만, 제한된 육체 안에서는 낯설고 두려우며 고통을 준다. 성서가 말한 오는 시대의 해산의 고통과 예수 자신의 죽음은, 인간이 하나님의 사랑의 침입에 항복하는 것이 무엇을 의미하는지를 우리에게 말해준다. 본질적으로 죄 있는 '육신'은 '살아있는 하나님의 손에 떨어진다는 것은 두려운 일'이라고 아우성친다. 그래서 우리 중 대부분은 마지막 날까지 당신의 삶의 깊이로 이끄시는 하나님에게 저항하게 되는데, 이것은 슬픈 사실이다. 우리는 자신보다 하나님을 더 사랑하며, 자기를 그분의 손에 맡기고, 맹목적인 믿음 안에서 그분이 명하는 것 그분이 하는 모든 것은 우리의 궁극적 행복과 성취를 위함이라는 사실을 받아들이는 것을 배워야 한다. 신비은혜를 받았는지를 알고 싶어 하는 욕망과 그것이 주는 안전함을 단념해야 한다. 또한 이 여정에서 우리가 어디에 있는지를 알려고 하는 바람도 단념해야 한다. 우리 마음으로부터 하나님을 향한 순수한 열망을 제외한 모든 것을 추방해야 한다. 이러한 기준에서 이것을 하게 되면 우리는 매우 안전하다. 지체 없이 하나님께서는 당신의 뜻을 우리 안에서 확실히 성취할 것이다. 그러나 어떤 것도 일어나지 않은 것 같을 때 믿기는 매우 어렵다. 우리는 진정으로 하나님을 신뢰할 수 없다.

  우리의 지성이, '자신을 하나님의 임재 안에 두고' 하나님을 관상하기 위해 사용할 수 있는 어떤 것도 줄 수 없을 때, 기도 시간은 어떻게 될까? 당연히 본성적으로, 우리 것을 가지고 생각과 열망을 따라가면서 하나님께 접촉하려고 한다. 이것 외에는 다른 방법은 없다. 가령 진지하게 우리가 가진 모든 방법으로 하나님이 요구하시는 것을 했다고 하자. 그리고 하나님만을 원한다는 순수한 동기로 기도했다고 하

자. 그러나 기도를 할 때 거기에는 아무것도 없다. 물론 우리는 생각들을 떠올려 볼 수 있다. 책을 읽으면 우리 의지가 하나님을 원하도록 움직이게 하는 좋은 생각들을 발견하는데 도움을 얻을 수 있다. 그러나 이러한 생각들은 공허하며 죽은 것이다. 그렇다면 어떻게 '하나님과 접촉하게 되는가?' 어떻게 그분을 생각할 수 있는가? 어디에 계신 걸까? 어느 곳에나 다 계실까? 여기에서 우리는 육신의 단단한 덩어리인 채, 교회나 그 밖의 다른 곳에서 무릎을 꿇거나 앉아있다. 주위의 모든 것은 견고하며 실재한다 – 벽, 바깥 생활에서 나는 소리, 음성, 자동차. 이것이 세상이며 곧 다시 그 안으로 돌아갈 것이다. 실재란 무엇인가? 하나님에 대한 생각과 그분께 드리는 기도는 얼마나 비실재적이며 비현실적인 것으로 보이는가? 그분의 임재와 우리가 하는 것의 가치를 확신시켜줄 만한 것은 전혀 없다. 이때 많은 이들이 포기한다. 완전히 포기하지는 않더라도, 그들이 있는 곳에서 물러나 기도를 더 생생하고, 더 흥미롭고, 명백히 더욱 '진정한 것' real thing으로 만들려고 노력한다. 이제 마침내 그들은 어떤 것을 가졌다고 확신할지 모르겠다. 이것이 진짜이다! 그러나 그들은 착각하고 있는 것이다. 유일하게 앞으로 나가는 방법은 고통을 주는 신비 안으로 들어가는 것이다. 우리는 적합한 것, 이해할 수 있는 것, 완수할 수 있는 것, 안전함과 가치를 주는 것을 열망한다. 신비이신 하나님은 이것을 우리가 원하는 수준에서 주시지 않는다. 그분은 십자가와 결혼하기를 명하신다.

이같이 당혹스러울 때, 우리는 기도가 무엇이며 그것의 본질이 무엇인지를 떠올려야 한다. 그것은 하나님이 우리를 위한 하나님이시라는 것이다. 그분은 모든 순간에 자신을 내어주시면서 자신을 낭비하는 사랑이시다. 그 사랑을 받으러 그곳에 갈 결심만 하면 된다. 이 진실만 굳게 잡고 있다면 어떤 문제도 없다. 무엇을 해야 할지를 항상 알기 때문에, 다른 사람의 조언이 필요하지 않다. 기도 중에 실제로 해야 할 일은, 비록 인간적 관점에서는 확신이 부족하더라도 그저 그렇게 있는 것이다. 모든 장애들을 이렇게 다룬다면 이것은 긍정적인 도움을 준다. 그러나 안타깝게도 우리는 한결같지 않으며 믿음도 강하지 않다. 그래서 수천가지의 복잡한 것을 고안해내는데, 그 목적은 하나님을 사랑하는 것이 아니라 자신을 만족시키는 데에 있다.

우리의 믿음을 훈련시켜야 한다. 다른 해답은 없다. 이것이 하나님께서 요구하시는 것이다. '너의 초라한 기준으로 나를 측정하지 마라.' 그분은 말씀하신다. '나의 방식으로 내가 하나님이 되게 하여라. 나를 신뢰할 수 있느냐?' 우리가 결심만 한다면, 예수님의 말씀은 우리에게 하나님의 얼굴을 보여주며, 틀림없이 우리의 꾸준한 양식이 될 것이다. 이것을 가지고 믿음을 살찌워야 한다. 우리는 말한다. '이것을 다 했는데 우리는 죽었어. 아무 일도 일어나지 않았어.' 무슨 일을 기대하는가? 우리가 갈망하는 안전을 주리라고 기대하는가? 그럴 수 없다. 왜냐하면 감각으로 알 수 있는 어떤 것도 하나님일 수 없으며, 어떤 확신도 줄 수 없기 때문이다. 바로 그 하나님이 우리 하나님이시라는 것 외에는 어떤 해답도 없다. 죽은 것처럼 느껴질지도 모르지만, 감정을 무시해야 한다. 자신의 주관적 반응이 아니라 예수님의 계시에 맞춰 살아야 한다고 결심해야 한다. 생각해보면 우리의 주관적 세상 위에 서 있다는 것은 얼마나 무서운 일인가! 유일한 실재의 세상이 있다. 그것은 바로 예수님께서 계시하신 세상이며, 우리를 위해 만드신 사랑과 안전함이 있는 세상이다.

만약 결심을 해서 매일 매일 충실하게 기도의 장소로 나간다면, 우리는 최고의 믿음을 행하고 있는 것이다. 이러한 기도 시간보다 더 큰 확신, 즉 하나님이 모든 것이 되시며 그분만이 유일한 의미라는 확신을 주는 것이 있는가? 그 기도 시간은 기쁨에 잠긴 시간도, 요동치는 시간도, 흥미로운 생각과 감정이 있는 시간도 아니다. 유쾌하고 위로에 빠져드는 시간도 아니다. 인간적으로는 지루한 시간이다. 그래서 그곳으로 방향을 틀지 못한다. 이 세상과 가치로 보자면, 이것은 완전히 시간 낭비이며 손실이다. 하지만 그것에 충실할 때, 사실 우리는 이렇게 말하고 있는 것이다. '당신은 나의 하나님이시며 나의 모든 것입니다. 당신께서 나를 완전히 가지지 않으신다면 나는 아무 의미가 없습니다.' 이 기도는 바로 우리 존재의 외침이며, 진실로 우리의 하나님이 되어달라는 초대의 외침이다. 하나님께서 그 외침을 무시하시면서 '육신'에게 비싸게 구실까? '하나님은 밤낮 울부짖는 당신의 택한 자를 옹호해 주시지 않겠는가? 그분은 그것을 늦추시겠는가? 내가 말한다. 그분은 그들을 급히 옹호해 주실 것이다…' 그러나 추가하신 말씀에 주의하라. '그럼에도 불구하고 인자가 올 때, 이 땅에서 믿음을 찾을 수 있겠느냐?'

믿음의 성장은 부분적으로 마음의 '넓힘'이다. 데레사는 이것을 하나님과의 만남의 직접적인 효과라고 말한다. 우리는 이것을 분별해야 한다. '붙잡힘'이라는 개념 이면에 있는 것은 이 같은 믿음의 성장이다. 믿음이란 믿음에 관한 진리들을 파악하고 그것에 동의하는 것이 아니다. 비록 그것이 부분적으로는 맞지만 말이다. 믿음은 '하나님에 관해 아는 것'이 아니라 하나님을 아는 것이다. 이것은 분명치 않고 은밀한 지식이지만 이것이 인간 삶의 원천이다. 이것은 느껴지는 어떤 것이 아니다. 정신이 명쾌해지는 것도 아니며, 동의를 하는데 있어서 의지의 굳건함도 아니다. 이것은 어둠과 당혹감 속에서 계속 있도록 만드는 '붙잡힘'이다. 그때 상식과 경험이 말하는 모든 것은 백지가 된다. 믿음은 가장 깊은 내면에서 전혀 까닭 없이 우리를 붙잡는 것 같다. 분별을 해보자면, 여기에 적어도 신비의 시작이 있다는 증거가 있다. 감각과 이성의 수준 보다 더 깊은 곳에 생명이 존속하고 있으며, 그 사람으로부터 은폐되어 있다. 지혜안에서 자신을 계시하며, 말이 아닌 인생의 지식 안에 있다. 경험을 가진 자들과 혼동되지 않으며, 보여주는 것과는 전혀 다르고, 다른 사람에게 영향을 주거나 앞서나간 자들 사이에 있고자 하는 욕망과는 거리가 먼 생명의 '특성' quality이 있다. 이것과 본질적으로 함께 가는 것은 진정한 겸손이다.

대범함의 성장도 있을 것이다. 데레사 시대에는 참회에 따르는 육체적 고행이 인기가 있었는데, 그 '참회'는 대범함을 보증했다. 당신은 해야 할 일을 했고 의무를 완수했다. 만약 그때 대범하다면 당신은 그것을 넘어서게 된다. '더 넘어서는' 것으로 받아들여진 것으로는 일련의 육체적 고행이 있었다. 자기를 괴롭히는 육체적 고행에 대한 호의적 평가를 공유할 수는 없다. 그렇지만 원리는 남아있다. 신비은혜는 커져가는 대범함 속에서 자기를 보여준다. 이것은 자아가 받는 진정한 선물인데, 자기를 제쳐두고 다른 사람들에게 헌신하게 한다. 지루함, 쓸모없다는 느낌, 늘어가는 죄책감 속에서도 인내하게 하는 자아의 선물이다. 그것은 아마 떨고 있으며, 겁을 먹은 '불쌍한' 대범함일지 모른다. 그렇지만 본능적 움츠림 때문에 훨씬 더 진정 대범한지도 모른다. 꼭 그렇지는 않지만 겉으로만 대범한 행동들이 있는데, 그것은 자기추구로 가득 차 있다. 우리가 말하고자 하는 바는, 어떤 비용이 들더라도 하나님께서 요구하시는 모든 것을 드리기 위해 값을 지불하려고 하는 결심이 있어야 한다는 것이다. 이것은 마음속에서 성장하는 사랑의 열정 즉 '신적인 사랑의 불꽃'이다. 데레사가 지적하듯이 심오한 믿음, 겸손, 대범함은 보통 단 한 번의 신비적 만남에서 나오는 열매가 아니다. 이 '넓힘'은 충실하게 응답된 많은 만남으로 인한 결과이다.

우리는 여전히 매우 약하고 위험을 무릅쓸 만큼 강하지 않다. 그러므로 정성을 다해 위탁받은 귀중한 은혜를 보호해야 한다. 커져가는 무능하다는 느낌을 피하려는 것이 보통 일어나는 유혹이다. 우리는 하나님께 이보다 더한 것 — 더 많은 기도, 더 많은 고독, 혹은 더 큰 활동 — 을 드리고 싶다고 말하는 자신을 발견할 것이다. 하지만 하나님께 더 많은 것을 드리기 보다는, 계속해서 신경을 덜 쓰도록 하자. 우리는 그분이 요구하시지도 않는 것을 드리고 있다고 주장하지만, 사실은 하나님께 덜 드리고 있다. 우리는 영적 여정에 있는 사람들을 가르치며 인도하고 있다는 느낌에서 오는 만족을 원할 수 있다. 그것이 하나의 인증이 될 수 있다고 생각한다. 메마르고 분심이 일어나는 기도가 불만족스럽다는 이유로, 우리의 사도직을 약화시키면서 기도를 게을리 하게 된다. 영적으로 불쌍한 사람이라는 느낌이 든다. 만약 기도를 게을리 한다면, 우리는 어머니로부터 젖을 떼지 못하고 다른 음식을 먹지 못하는 아이와 같게 된다. 데레사는 특별히 심각하게 경고와 탄식을 했다. 그녀는 여기까지 온 하나님의 특별한 선물을 받은 사람이 이런 저런 이유로 실패하는 모습을 보았다. 대부분의 사람들은 명확한 느낌을 포기하지 않으면서 여전히 영적생활이라 부르는 것을 추구하려고 한다. 순전한 사랑의 곧은 길을 벗어나서 애매한 자기추구를 신뢰한다. 그 결과, 일탈로 인해 실패하게 된다. 그녀는 다음과 같이 경고한다. 유혹은 더 미묘하고 더 힘이 세어질 것이며, 책임은 다른 이들보다 더 커질 것이다. 왜냐하면 우리는 자신을 위해서뿐만 아니라 타인을 위해서 더 많은 것을 받았기 때문이다. 우리는 이것에 대해 책임질 것이 많다.

  데레사의 글을 무심하게 읽으면 우리와는 관계가 없다는 인상을 받기도 한다. '신비기도와 기도의 상태에 관한 얘기가 전부잖아! 배는 가라앉고 있는데 갑판에 널려있는 의자만큼이나 무의미하고 쓸모없군!' 글쎄, 만약 느낌의 상태와 호의에만 집중한다면 그 비판은 정당하다. 그러나 주부적 관상에 관해 데레사가 진정으로 말하고 있는 것을 이해한다면, 그것이 생명줄이며 인간됨의 진정한 의미라는 것을 알게 될 것이다. 하나님께서는 친히 인간을 당신에게로 데려오셔서, 당신 자신의 방법을 인간에게 나누어 주신다. 이것은 갑판 위에 있는 모든 사람을 구하기 위해 구명보트를 내리는 것 이상의 문제이다.

데레사가 '호의'를 높이 평가했고 그것을 크게 즐겼던 것은 확실하다. 그러나 우리가 주장하는 것은, 그녀의 경우에는 하나님과의 심오한 친교가 그 원인이었다는 점이다. 그런데 그녀는 이 둘을 구분할 수 없었다. 그녀는 하나님께서 자기를 주고 계신 것을 확실히 알았다. 왜냐하면 그분을 '보았고' 자신의 온 존재가 그 접촉으로 인해 감동했기 때문이다. 처음에는 본 것에 대해서 자신에게도 말을 할 수가 없었다. 그러나 이후에 정신과 몸에 일어난 일에 대해 말할 수 있었다. 이것은 그녀가 볼 수 있고 분석할 수 있는 어떤 것이었다. 그때, 혼란은 시작되고 커졌다. 다른 사람들이 자신에게 무슨 일이 일어났는지를 그녀에게 말한다. 그녀는 그들의 삶을 관찰했다. 그런데 그러한 만남으로 인해 기대되는 열매가 없었기 때문에 그들의 '호의'는 거짓이라고 단언한다. 하지만 인간의 경험만을 놓고 본다면, 그것도 그녀만큼이나 진짜이다. 차이가 있다면, 그녀의 경험은 내면의 은혜가 퍼져나가는 것으로 인해 초래되었으나, 다른 사람들은 그렇지 않다는 점이다. 데레사는 우리를 위해 가짜 경험에 관해 윤곽을 그려 주었다. 이것은 일종의 몰두인데, 그녀가 고요의 기도 중에 알게 된 것과 혼동될 수 있는 것이다. 그녀의 견해 속에서 그것은 너무 오랫동안 진정한 것으로 여겨졌다. 열매도 없고 그에 따르는 지혜도 없다. 그녀는 다음과 같은 결론을 낸 것 같지는 않아도, 그 현상은 기본적으로 그녀의 것과 똑같고 동일한 금속이지만 다른 조폐국에서 주조된 것이다.

'호의'에 대한 집착에도 불구하고 데레사는 한결같은 마음을 가지는 것singlemindedness을 결코 잊지 않았다. 은혜의 기적에 의해 그녀는 위험한 모래톱에서 거의 상처를 입지 않고 수영할 수 있었다. 그녀는 하나님을 원했다. 그녀에게 일어난 일은, 그것이 '호의'였던지 시련이었던지 관계없이 하나님을 향한 사랑을 증가시켰다. '호의'는 더 큰 용기와 대범함을 불어 넣어줬고 겸손함을 낳았다. 어떻게 이것을 바라지 않을 수 있을까? 그러나 주의할 것은 그녀는 결코 기쁜 감정을 갈구하지는 않았다는 점이다. 결코 의식적으로 그 느낌들을 키우지 않았다. 아무리 노력해도 이것은 불가능하다고 확신했다. 여기서 그녀는 틀렸다. 그녀가 정말 의미한 바는 아무리 노력해도 주부적 관상은 획득할 수 없다는 것이었다. 이것은 맞다. 그러나 집중하기만 하면 모든 종류의 정신적psychic 인식에는 도달할 수 있다. 어떤 사람은 기질 때문에 다른 사람보다 더 어려울 수 있다. 심지어 '경험'을 향한 무의식적인 호의와 열망도 그것을 초래하기도 한다. 데레사는 종종 다른 사람이 그녀에게 한 말에 속았다. '라이트 온'은 그녀의 영혼과 하나님께서 그곳에서 하신 일을 보여줬다. 이 지식을 일반적으로 사용하려고 할 때 큰 실수를 했다. 그녀는 잘 믿는 성품을 가졌고 다른 사람들을 실제보다 더 낫다고 생각했다. 왜냐하면 그들은 말을 잘했으며, 그녀와 동일한 용어를 사용했고, 동일한 감정의 상태를 자랑했기 때문이다. 그녀는 노골적인 사기는 알 수 있었으나, 선한 사람들의 무의식적인 자기기만은 보지 못했다. 그녀는 선한 사람들을 너무 과대

평가하는 경향이 있었다.

데레사의 한결같은 마음은, 특별히 기도에 대해서 갖는 학문적 접근, 어떠한 궁리, 어떤 상태를 만들기 위해 고통을 가하는 노력, 이런저런 종류의 방법들을 폄하하는데서 드러난다. 그것들은 진리에 대한 그녀의 느낌을 거스르는 것들이다. 그것들은 자기중심적이며 모든 관심이 자아를 향해 있다. 우리는 어떤 것을 원하며, 어떤 것을 경험하기를 원한다. 이것은 자아와 자아의 이익을 내려놓는 진정한 기도와 상관이 없다. 우리는 자신을 주시는 하나님을 향해 개방하는 기도의 본질을 전적으로 오해하고 있다. 우리는 하나님을 붙잡기를 노력한다. 그러나 단지 감정 즉 고양되는 경험을 좇을 뿐이지, 그것은 하나님이 아니다. 이러한 고안은 하나님은 특별한 수단에 의해서만 얻어질 수 있으며, 항상 주시는 분은 아니라고 우리가 생각하고 있음을 드러낸다. 결국 이런 방법의 추구는 대개 높은 지능과 여유를 요구하게 된다. 즉 단지 엘리트만을 위한 것이 된다. 더욱이, 이러한 수련을 위한 여유를 가지기 위해 매우 자주 당연히 해야 할 의무를 위반하게 된다. 관상생활을 하는 수사를 예로 들어보자. 그들의 하루는 신중하게 짜여 있다. 즉 성무일도, 개인기도, 공동체와 타인을 위해 일하기 등이 있다. 유일한 시간은 개인기도에 집중할 때이다. 그런데 배타적으로 하나님의 것이 되어서 비천해지고 항복하는 시간이 되어야 할 기도시간이, 너무 쉽게 하나님이 아닌 자아와 사물에, 방법에, 이런저런 감정의 상태에 열중하는 시간이 된다. 이처럼 신성한 시간을 자기계발의 시간으로 사용할 위험이 있다. 이 모든 것은 올바르게 해석되어야 한다. 방법 중 일부는 하나님 앞에 조용히 있는데 도움을 준다. 그러나 그것은 단지 본성적인 방법일 뿐이다. 그것을 제 자리에 놔두어야 한다. 다시 한 번 강조하지만 한결같은 마음이 우리의 유일한 안내자이자 안전이다. '자기유익의 동기 없이 하나님을 사랑해야 합니다.' 위안을 찾을 것이 아니라 주님의 고난을 겪으며 그분을 따를 준비가 되어있어야 한다. '나는 여러 가지 인간 행동의 효능을 믿을 수 없습니다. 주님은 그것에 한계를 설정하시고 활동을 유보하는 것을 기뻐하시는 것 같습니다.' 그녀가 특별히 염두에 두고 있는 것은 생각을 그만두려는 노력인데, 심지어 생각이 정지되는 것이 수동적 기도에서는 필수인 것처럼 자신의 숨을 참는 시도까지도 하였다.

글 전체를 통해 데레사는 기도의 실행에 실제적인 도움을 주고 있으며, 특별히 지성mind을 다스리는 방법에 도움을 주고 있다. 이미 말한 대로, 신비은혜가 개입하기 전인 기도 초기 단계에서는 지성이 중요한 역할을 한다. 마음의 명령에 따라서, 지성은 하나님을 사랑하고 섬기고자 하는 동기와 강한 확신을 제공하려고 노력한다. 자신을 내어주는 것이 하나님께서 깊이 열망하시는 것이며(하나님이 바로 그 열망이시다) 그분의 사랑을 기쁘게 받을 때에만 우리는 존재할 수 있기 때문에, 하나님은 당연히 언제 어디서나 가능한 수단을 통해 자신을 내어주신다. 그러므로 진지하게 하나님의 뜻을 추구하면 머지않아 생명을 주시는 만짐을 경험하게 된다. 우리는 그 사실을 인식하지는 못할 것이지만, 그것을 알 필요도 없다. 하나님께서 당신의 역할을 하시는 것을 그대로 두고, 우리의 일에 집중하자. 우리는 신비생활이 시작될 때 기도방식을 바꿔야하기 때문에 언제 신비생활이 시작되는지를 알 필요가 있다고 생각한다. 즉 묵상을 그만두어야 한다는 것이다. 그러나 이것은 잘못된 생각이다. 기도의 본질, 즉 자신을 내어주시는 분은 하나님이시며 우리는 받을 뿐이라는 사실을 안다면, 이런 실수는 하지 않게 된다. 항상 '사랑을 많이 불러일으키는' 일을 하면서, 지성을 겸손하게 온화하게 사려 깊게 사용할 것이다. 우리는 사랑이 무엇인지 모르는 것 같다. 그렇지만 모른다는 사실을 아는 것이 나를 많이 놀라게 하지는 않는다. 왜냐하면 사랑은 행복의 정도에 있지 않고, 모든 것에서 하나님을 기쁘게 해드리려는 결심의 확고함에 있기 때문이다. 만약 기도를 위한 당장의 목표를 찾으라면, 그것은 여기에 있다. 자신을 하나님께 드리려는 결심을 키우는 것이 목표이다. 묵상이 도움 되는 동안은 의도적으로 이것을 포기하지 말아야 한다. 더 깊은 단계에서는 지성을 사용하는 것을 그만둔다고 말하는 것은 진실이 아니다. 규칙을 따라가야만 한다면 자의식이 생길 수 있으며, 모든 것이 관련되었다는 느낌을 파괴한다. 기도는 자아를 잊는 것을 의미한다. 어떻게 기도하는지, 무엇이 일어나는지, 어떻게 느끼는지 등을 알아채기 위해 자신을 감시해서는 안 된다. 하나님과 이웃을 사랑하도록 가장 잘 이끄는 것을 해야 한다.

  어쨌든 방금 말한 것을 약화시키지 않은 채, 다음과 같은 사실이 남아있다. 신비기도의 효과 중 하나는 기도에서 지성의 중요성이 감소된다는 점이다. 때때로 유용한 생각을 할 수 없고, 어떤 것도 우리를 도와줄 수 없으며, 뿌리가 없는 무기력한 상태에 있게 된다. 이것은 단조롭고 만족을 주지 못하기 때문에 견디기 힘들다. 그러나 지성은 여전히 자기의 일을 한다. 그것이 지성의 기능이다. 그것은 이용할 수 있는 어떤 주된 문제를 붙잡는다. 우리가 묵상을 그만 둘 것을 선택하지 않지만, 묵상이 우리를 버린다. 이러한 무기력함을 느낄 때, 지성에게 채찍질을 해서 행동하도록 강요하는 것은 소용없다. 자신을 하나님께 드리고, 곤궁함에 대한 고통스러운 인식을 받아들이면서 기도에 머물도록 힘써야 한다. 효과를 좇으려 애쓰지도 말아야하지만 무기력증에도 빠지지도 말아야 한다. 해야 할 일은, 하나님께서 우리와 함께 계시며 우리를 사랑하신다는 사실을 최선을 다해 유념하는 것이다. 우리는 그분을 전적으로 신뢰할 수 있다. 다른 말로 하면, 믿음의 훈련을 해야 한다는 것이다. 이 훈련이 바로 데레사가 말한 오성을 이용하는 것이다. 그녀는 돌아다니는 생각 때문에 방해 받지 않기를 충고한다. 보이지 않고 느껴지지 않지만 확실히 존재하는 사랑의 팔 안으로 자신의 마음을 계속해서 던져야 한다. 지성을 통제하려고 노력하거나 그것의 변덕스러움에 초조해하면서 에너지를 낭비하는 것은 어리석은 일이다. 우리는 왜곡된 지성이 우리에게 부과하는 무가치함의 느낌을 받아들여야 한다.

만족을 주는 생각을 구하지 않고, 조용히, 드러난 채로, 복종하면서 머물러야 하는 동안에도, 어떻게든 지성은 일생동안 활동한다. 도움을 주던지 어려움을 주던지 관계없이, 그것은 인간 상태의 일부이기 때문에 진심으로 받아들여야 한다. 기쁜 감정의 상태 혹은 정신적 인식psychic awareness의 상태가 일어나더라도(하나님과의 접촉으로 인해 그럴 수 있겠지만 꼭 그런 것은 아니다), 지성을 어느 정도 사용해서 무기력함과 어리석음의 상태에 떨어지지 않기를 데레사는 권면한다. 우리는 감정으로 인해 너무 기쁜 나머지 그것에 사로잡혀 있어서 하나님을 알아채지 못할 수 있다. 인간 측에서 하는 기도의 근본적 행위는 복종이다. 그렇지만 그분의 임재를 외면하려는 지성의 행동을 언제나 포함한다.

'수동적 기도' 라는 용어는 종종 오해되고 있다. 감정과 정신이 수동적인 상태로 들어가는 것인데, 문제가 되는 수동성이 의식의 수준에 있다고 생각한다. 이것은 잘못된 생각이다. 수동적 기도는 주입infused 기도이다. 계속 지적했듯이 그것은 의식하는 정신의 더 아래 단계에서 주입된다. 그것의 수용은 정신과 감각에게는 비밀이다. 그리고 잊지 말아야 할 것은 그것은 이 단계에서는 잠깐 동안 지나가는 은혜이다. 그 수용을 위해서 다른 것 보다 더 좋은 형식의 기도를 요구하지는 않는다. 그것은 우리가 하는 어떤 것이 아니다. 하나님이 우리 안에서 하시는 일이다. 그분이 우리를 만지신다. 그분을 붙잡기 위해 잡아당길 필요가 없다. 그분은 다루기 힘든 애인과 같다! 그분은 알지 못하는 사이에 우리 입에 음식물을 넣어 주신다. 즉 지금 나타나고 있는 영적 존재 안에 넣어 주신다. 이것에 관해 지성과 감각은 직접적인 지식을 가지지 못한다. 이것은 그리스도와 더불어 하나님 안에 숨겨진 생명이다. 영적인 문제에 관해 분별하라는 요청을 받는 많은 사람들은, 주입기도의 존재를 분별하는 기준으로 '붙잡힘' 이라는 용어를 사용한다. 그들은 보통 이에 관해 일종의 정신적 혹은 심리적 몰두 즉 의식적 수준에서 경험되는 어떤 것으로 생각한다. 이미 믿음에 관해서 주장했듯이, '붙잡힘'이 신비기도의 분별기준이라는 생각은 일견 타당하다. 그러나 붙잡힌다는 것은 느낌의 수준은 아니다. 그것은 '되어가는' becoming 영혼에 관한 문제이다. 하나님의 만짐 아래에서 영혼은 빨리 존재가 되어간다. 새로운 자아의 시작은 자기 나름의 삶과 필요를 가진다. 기독교인의 헌신이라는 특성 속에서 자신을 드러내는 발전하는 영혼 안에 어떤 일이 일어나고 있다. 그러나 초기에는 붙잡을 수도 볼 수도 없다. 되어가는 자아의 존재방식은 예수님의 존재방식이다. 그의 비전, 가치, 강인함, 불변성은 종종 의식적 자아에게는 낯설어 보이는 것 같다. 자아는 내면의 신비한 삶에 의해 인수되고, 붙잡혀서, 하나님의 사랑하고 변화시키는 활동에 의해 관대한 응답을 할 정도로 자아는 성장한다. 이것은 감정의 상태, 기도에 몰입, '관상가가 되기', '기도를 위한 기능'을 가지기 등과는 거리가 멀다.

'나는 이곳이 많은 영혼들이 들어가는 궁방인 것처럼 충분히 지금 궁방에 대해 썼습니다.' 만약 4궁방을 '순전한 하나님'과의 첫 번째 만남의 장소로 이해한다면, 진지하고 책임감 있으며 대범한 삶을 사는 대부분의 사람이 그곳에 들어가게 된다는 사실을 확신하는 것은 옳은 것 같다. 그러나 거기에 들어가겠지만 거기서 사는 법을 반드시 배우는 것은 아니다. 우리는 『신비기도를 위한 지침』 Guidelines for Mystical Prayer에서 실패의 이유를 조사하였다. 대부분의 사람들은 첫 번째 하나님과의 만남에 대범하게 응답하지 않기 때문에, 더 받을 수 있을 정도로 성장하지 않는다. 그들은 더 이전 단계에 머물기를 선택한다. 만남의 순간에, 의지는 하나님과 연합된다. 영의 성장점은 생명이신 하나님의 부름에 저항하지 않고 위로 올라간다. 선택하는 자아는 그 사랑을 안을 수밖에 없다. 그 이후에, 이 새로운 역동에 맞춰 살아가려는 결심과 대범함이 있어야 한다. 그런데 많은 경우 이 같은 일은 일어나지 않는다. 그 되어가는 '새로운 자아'는 부끄럽게도 매우 익숙한 '옛 자아'에 자리를 양보한다. 만약 계속 앞으로 나아가려면 '옛 자아'의 불평, 시끄러움, 두려움, 소심함을 무시하는 법을 배워야 한다.

데레사는 기도에서 자기유익이 성장에 가장 큰 장애물인 것을 알고 있다. 우리를 하나님께 드리기 보다는 기도로부터 뭔가를 얻기 위해(비록 그 사실을 인정하지는 않지만) 더 많은 기도생활을 한다. 그러므로 자기유익이 채워지지 않는 상황을 순순히 받아들이지 않는다. 데레사는 결코 십자가의 요한이 가진 명확성으로 '영적인 부요함'이라는 장애물을 보지 않았다. 십자가의 요한은 검을 가지고 순수한 사랑이 아닌 모든 것을 베어버렸다. 요한의 이 같은 열정은 신앙의 동료들의 지기탐닉 때문에 유발됐다고 볼 수 있다. 그런데 그 남녀 동료들은 위대한 어머니의 글에 관한 잘못된 해석에 영향을 받았다. 그러나 우리가 자세히 보면, 데레사도 그녀의 방식으로 그 주제에 대해 할 말이 매우 많은 것을 알게 된다. 그녀에게, 4궁방은 시련을 겪는 궁방이라고 평가할 수 있다. 이것이 진실이다. 그녀는 정신적 기쁨을 묘사했지만 어려움과 시련에 관해 쓴 여러 장들이 있다. 그녀의 주요 관심사 중 하나는, 우리가 어려운 길을 가도록 다시 확신을 주고 격려하는 것이었다. 그녀가 이 단계를 소개할 때, 어려움과 유혹으로부터 확실히 자유롭게 되지는 않는다고 지적한다. 도랑못으로부터 온 파충류들은 여전히 들어와서 괴롭힌다. 그러나 이젠 그것들은 겸손함을 배우고 사랑을 위해 힘쓸 기회로 우리에게 봉사를 한다. 우리가 향하고 있는 영적인 목표가, 이 땅의 폭풍우를 넘어서서 하나님 임재의 느낌이 계속 있으며, 회복된 에덴이라고 생각하는 것은 잘못이다. 자신의 은밀한 악함, 왜곡된 동기, 일반적 죄악에 정면 대처할 때, 우리는 훨씬 더 좋아진다. 왕께 더 가까이 간다는 것은, 항상 우리의 죄가 더 명확하게 드러나는 것을 의미한다. 또한 이것에 대해 어떤 것을 해서 그것을 바꾸도록 부름을 받는 것을 말한다. 우리 안에 있는 악을 뿌리 뽑도록 투쟁해야 하며, 스스로의 힘으로는 성공할 수 없다는 사실을 계속해서 경험해야 한다.

데레사는 분류하기를 좋아해서, 고요의 기도라고 부르는 것과 매우 유사한 하나의 기도를 설명한다. 그런데 그녀가 생각하기에 이것은 고요의 기도와 같지 않았다. 그녀는 그것을 거둠 기도prayer of recollection라고 불렀다. 데레사가 이 기도를 신체적 반응에 있어서의 차이 때문에 고요의 기도와 구별한다고 보는 것은 정확한 것이다. 고요의 기도는 매우 강렬하지만 잠심기도는 그렇지 않다. 데레사의 경우, 두 기도의 중심에는 동일한 본질의 진정한 신비적 은혜가 있다. 그녀가 거둠 기도에 관해 말한 것은 연구해 볼 가치가 있다. 만약 중요하지 않은 신체의 반응을 뺀다면, 거둠 기도란 전 자아를 하나님께 드리기 위해 자아 안에 있는 능력들을 모으는 것이란 걸 알게 된다.

우리는 통합되지 않고, 갈등을 주는 욕망들로 찢겨졌으며, 여기저기로 끌려 다니는 흩어진 존재이다. 하나님과의 사랑의 만남은 우리를 모으는데 효과가 있으며, 우리를 온전하게 만든다. 사랑은 거기에서 태어난다. 이 사랑은 방황하는 욕망을 지배하기 시작하면서, 그 욕망을 하나의 유일한 선을 향해 부른다. 그리고 모든 것에게 사랑의 봉사를 하도록 명령한다. 점차적으로 모든 것을 굴복시킨다. 거두어지고 모아지며, 자기중심으로부터 벗어나 살게 되고 항상 하나님을 향하고 그분을 선택한다. 이것은 흩어짐의 끝이고 시간과 에너지 낭비의 끝이다.

내가 4궁방을 검토하기 시작한 날은 주님 봉헌 축일 feast of the Presentation of our Lord이었다. 시므온에 관해 많은 생각을 하였다. 데레사 자신도 *Way of Perfection*에서 고요의 기도에 관해 글을 쓸 때 그를 회상했다. 시므온은 하나님께서 우리에게 오실 때 기대하셨을 만한 환영을 한 사람으로 대표된다. 시므온은 기대 속에서 살았다. 그의 삶은 오직 주님의 오심을 기대할 때에만 의미가 있었다. 이것이 이 땅에서의 인긴 삶의 의미이다. 그러나 우리 중 얼마가 정말 그럴까? 그의 한결같은 마음은 성령의 격려에 민감하도록 만들었다. 이러한 이유 때문에 성전을 찾았다. '의로운 자인 시므온은 영광스러운 아기를 보았습니다. 불쌍한 어린 아기였습니다. 아기를 싸고 있는 강보나 성전으로 데려온 몇 안 되는 수행원으로 판단한다면 하나님의 아들 보다는 이 불쌍한 사람들의 아들이었을 것입니다.' 시므온이 원했던 이는 하나님이었지 자신이 원하는 하나님이 아니었다. 그러므로 그분을 환영할 수 있는 조건을 제시하지 않았다. 그는 하나님이 어떠한 방식으로 오시든지 받아들일 준비를 하였다. 그래서 예수님을 그분으로 알아보았다. 그는 완전히 만족했으며 그의 삶은 충만해졌고 천국은 그의 것이 되었다. 평범함이 이렇게 걸림돌이 되다니! 그것으로 인해 예전에 현혹되지 않았던 사람이 어디 있겠는가! 그러나 복음은 다음과 같은 교훈을 준다. 인자가 죽음에서 부활했고, 모든 것은 깊은 곳에서부터 변화가 일어났다. 그러나 세상은 아무 일도 없었던 것처럼 흘러간다. 이것이 믿음이 말하고 있는 전부이다. 주님이 권세를 가지고 세상에 들어오시는 중요한 순간에도 우리는 예전과 똑같이 보고 느낀다. 왜 그것은 달라야 한다고 생각하는가? 우리는 하나님의 신비 대신에 황금 송아지를 원한다. 하나님의 신비는 항상 예수님 안에서 충족된다. 다른 곳에서는 그렇게 되지 않는다. 조금 전에 '순전한 하나님'에 관해 말했다. 우리는 예수님 안에서만 '순전한 하나님'을 가진다. 오직 예수를 통해서만 '순전한 하나님'은 우리를 만지시고, 우리는 그분을 만진다.

제5궁방

혼란스러울 정도까지는 아니지만, 어느 누가 애매모호한 느낌 없이 5궁방의 네 장을 다 읽을 수 있을까? 애매모호함은 이미 지적한 것과 같이 그녀의 한계 때문이다. 데레사는 신비 은혜 그 자체와 '라이트 온'이라는 부여받은 은총을 통해 '보았던' 것, 그리고 이 둘로 인한 정신적 반응을 구별하지 못했다. 그녀가 보기에 이 셋은 하나의 경험, 즉 '연합의 기도' 같았다. 그녀가 많은 부분을 정신적 부산물에 몰두했다고 해서 의아해 할 필요는 없다. 이것이 그녀가 말할 수 있는 유일한 것이었기 때문이다. 어쨌든 가장 흥미로운 부분이다! 언뜻 보면, 4궁방과 5궁방은 정신적 강도로 구분 할 수 있다고 추론할 수 있다. 가장 덜 중요하지만, 그녀는 자신의 경험 중 정신적 반응과 같은 요소에 몰두한 나머지 많은 사람들이 5궁방에 들어오게 되며 들어오지 못하는 사람은 소수라고 생각했다. 그리고 그 중 일부는 다른 사람보다 더 많이 들어가지만 일부는 단지 문에만 도달한다고 보았다.

데레사는 이러한 정신적 상태가 신비 은혜의 중요한 부분이고, 필연적으로 하나님과의 친밀감의 증가가 동반된다고 생각하였고, 유사한 경험을 한 다른 사람들의 확신을 받아들였기 때문에, 그녀는 동일한 경험이 동일한 은혜의 깊이에서 나온다는 주장을 쉽게 받아들였다. 아마 이러한 주제에 관한 소통은 대부분 편지 또는 오고가는 교환에 의해서 이루어졌을 것이다. 그녀는 미덕이 의문시되는 사람에게는 자신의 궁극적 기준을 적용하지 않았다. 그녀와 친분이 있었던 사람들은 그녀와 같은 '경험'을 기대하는 성향을 가진 사람들이었다. 아마도 그들 중 많은 사람은 '민감한' sensitive 기질을 가진 사람이었을 것이고, 이와 같은 방식으로 영적인 일에 반응한 사람이었을 것이다. 몇몇 경우에는 그 '경험'이 신비적 은혜의 영향에서 온 것처럼 보인다. 하지만 아무도 그것을 확실히 알 수는 없다. 그녀는 다른 사람들이 한 자신과 같은 경험이 동일한 은혜로부터 일어난다고 선뜻 받아들였기 때문에, 그들이 기대했던 열매를 맺지 못한다는 사실로 인해 당황했었다. 이 실패가 5궁방 전체에 걸쳐서 그녀를 사로잡는다. 물론 그녀는 사람들이 광명의 천사로 위장한 악마에게 속을 수 있다는 점을 기꺼이 인정했다. 그러나 그 문제를 제대로 설명하는 것을 어려워했다.

데레사의 경우에, 정신적 반응의 강도는 새로운 은혜로부터 오는 능력과 그 은혜의 깊이와 정말 일치했던 것처럼 보인다. 우리가 살펴봐야 하는 것은 바로 이 새로움의 본성이다. 그녀는 경이로운 것, 즉 5궁방에서 발견하는 '보물과 기쁨'에 대해 상세히 설명한다. 그러나 그녀는 그것들에 대한 가치를 말할 수 있을까? 침묵하는 것이 더 낫지 않을까? 하는 의문을 가진다. 아니다. 다른 사람들이 그녀에게 안내를 기대하기 때문에 불충분하더라도 그녀는 뭔가를 말해줘야 했다.

데레사가 우리에게 '라이트 온' 통찰에 관해 말한 것―그녀가 보는 것은 '연합의 기도' prayer of union 안에서 일어나고 있는 것들이다―을 정확히 주목해야 한다. 우리는 이것과 4궁방에서 일어난 것과의 차이점을 보게 될 것이다. 거기에서는, '주님' His Majesty께서 '다가 오셔서 가까이 계셨고', 영혼은 '그분의 임재 안에 있었으며', '그분과 매우 가까이' 있었다. 그리고 여기에서는, '주님은 영혼의 정수와 가까이 접촉하시고 연합하십니다. …하나님은 그 영혼 안에 당신을 심으시고…' '주님은 우리를 영혼의 중심에 두시며 친히 그곳으로 들어가셔야 합니다…'고 말한다.

이 지점에서, '라이트 온'의 상태는 극히 드물며 우리가 '라이트 오프'에 속해 있음을 당연한 것으로 받아들이는 것이 현명하다. 내가 같은 말을 계속해서 반복하는 것 같지만, 이 사실을 다시 한 번 강조하는 것이 매우 중요하다고 생각한다. 나는 사람들이 얼마나 이것을 오해하는지 뼈저린 경험을 해왔다. 내가 아는 적지 않은 사람들은, 데레사가 이 궁방에서 지나치게 묘사한 것과 같은 경험을 했다고 확신했다. 그것은 사실일지도 모른다. 아무도 '아니'라고 말할 수는 없다. 하지만 그와 같은 일들은 특별한 것이 아니며, 종교적 상황 밖에서도 일어날 수 있는 일이다. 그들이 말하고 있는 것은 정신적 반응이지, '라이트 온'이 아니다. 더욱이, 그들의 경우에 정신적 경험은 '연합의 기도'로부터 흘러나오지 않았다. 왜냐하면 그들에게서 이러한 '연합의 기도'의 열매를 볼 수 없었기 때문이다. 우리는 인간 존재의 가장 깊은 실재를 다루고 있다. 심지어 무의식적으로라도 사소하게 여기거나 자기추구를 하거나 가식적으로 자신을 포장해서는 안 된다. 비싼 대가를 치루더라도 진리 안에 서 있어야 한다. 그렇지 않으면, 눈부신 진리로 끌려가는 진보의 기회를 전혀 가질 수 없게 된다.

 데레사는 형언할 수 없는 통찰에 어떤 형태를 부여하려고 노력했다. 이러한 노력을 소중히 담고 있는 얼마 안 되는 구절 가운데서, 우리는 하나님과의 만남이 일어나는 새로운 '영역'에 대한 생각을 얻게 된다. 이것은 일반적으로 받아들이는 '영혼'과는 다른 개념이다. 그녀는 이 점을 확신했다. 이전에는 알려지지 않은 새로운 깊이, 새로운 영역이 계시된다. 바로 이곳에서 놀라운 친밀함이 일어난다. 하나님은 상상할 수 있는 소통방식이나 지식의 채널, 감각들 혹은 정신을 통해 들어오시지 않았다. 아니다. 문과 창문은 굳게 닫혀 있지만, 그분은 그 방 안에 계신다! 이러한 친밀함을 '보았기' 때문에 데레사는 황홀경에 빠졌다. 우리는 그녀가 육체와 정신으로 반응하는 것을 관찰하게 되는데, 이 반응은 그것에 관한 일종의 극화 dramatisation라고 할 수 있을 것이다. 이러한 육체적 반응은 전혀 중요하지 않은 것이니 거기에 안주하며 보낼 시간이 없다. 우리는 오직 그 은혜 자체에만 관심을 가져야 한다. 형언할 수 없는 이 만남의 순간은 지속되지 않는다. 이것은 단지 주님의 '방문'이었지 주님께서 영원히 머무시는 것이 아니다. 하지만 그 효과는 심오하며 지속성이 있다.

 데레사는 영혼 안에 남아있는 확실성에 대해 말한다. '오직 하나님만 영혼 안에 그 확실성을 놓으실 수 있습니다. …당신은 보지 못한 것을 어떻게 확신하게 되느냐고 질문할 것입니다. 나도 모릅니다. 그것은 하나님의 일입니다.' 우리가 깨달은 이 확실성은 매우 특별한 성질의 것이다. ('민감한 사람들'을 주의하면서, '특별한'이라는 단어에 주목하라.) 이 확실성은 정확히 '라이트 온'에서 나온 결과이며, 다른 방법으로는 가질 수 없는 것이다. 물론 우리는 믿음으로 하나님과 영적 진리에 대한 확신을 가질 수 있다. 또한 '하나님의 현존'이라고 불리는 놀라운 정신적 경험을 해왔다고 확신할 수도 있다. 이것을 의심하는 것이 아니다. 이 경우에 있어서 데레사가 염두에 두는 확실성은 전적으로 다른 종류의 것이다. 만약 '라이트 온'과 그것의 특별한 기능 및 특징에 대해 말하지 않아도 된다면, 그것을 그냥 놔두는 것이 현명하다. 그러나 그럴 수는 없다. 왜냐하면 우리가 설명하고 있는 데레사 안에는 '라이트 온' 경험을 우리에게 전하고 있는 '라이트 온'인 사람이 있기 때문이다. 이 경우에 그녀가 확신하는 것은 '하나님은 영혼 안에 계시고, 영혼은 하나님 안에 있다'는 사실인데, 이것은 매우 중요하다. 이상하겠지만, 이것은 그녀가 교리적 가르침에서 배운 것과 부합하지 않은 것이었다. 지금까지 그녀는 하나님께서 만물가운데 '현존과 능력과 본질'로서 임재하고 계시다는 사실을 이해하지 못했다. 그녀는 오직 그분께서 '은혜로'만 현존하신다고 생각했다. 이 낯선 은혜의 개념 때문에 내가 얼마나 혼란스러웠던지! 데레사는 그것을 일종의 하나님으로부터 오는 외부적인 자극, 즉 일종의 원격조정remote control으로 보았던 것 같다. 그녀는 은혜가 현존을 포함하고 있다는 사실을 깨닫지 못했던 것으로 보인다. 그녀는 경험을 통해서 그것을 알게 되었다.

데레사의 생각과 경험을 이해하려고 노력할 때, 나에게 빛을 가져다 준 것이 있다. 그녀의 동역자인 십자가의 요한의 한 구절을 인용하겠다. 내 견해로는, 이 인용문은 신비주의의 본질에 관해 흔치 않은 빛을 던져주면서, 그것이 진정으로 무엇인지를 보여준다고 생각한다.

이 같은 연합의 본성을 이해하기 위해서는, 우선 하나님께서 모든 영혼을 지탱하고 계시며 본질적으로 그 안에 거하신다는 것을 알아야 한다. …하나님과 피조물의 이 연합은 항상 존재한다. 그 연합에 의해서 하나님께서는 피조물의 존재를 유지해 주신다. 그러나 이 연합이 없어진다면 그것들은 즉시 멸절될 것이다.

결론적으로, 하나님과의 연합을 말할 때, 항상 존재하는 본질적인 연합을 말하는 것이 아니라 하나님 안에서의 영혼의 연합과 변화를 말하는 것이다. 이 연합이 항상 존재하는 것은 아니다. 오직 사랑의 닮음likeness of love이 있는 곳에서만 이 연합을 볼 수 있다. 이것을 '닮음의 연합'이라고 부르겠다. 앞에 것은 '본질적 연합'이다. 닮음의 연합은 초자연적 연합이다. 앞에 것은 본성적 연합이다. 하나님의 의지와 영혼의 의지가 일치할 때 초자연적 연합은 존재하게 된다. …우리가 말하는 대로, 하나님께서 항상 영혼 안에 임재하신다는 말은 사실이다. 그리고 그분의 유지하시는 현존sustaining presence으로 자연적 존재들을 허락하시고 보호하신다. 그러나 하나님께서 항상 초자연적인 것을 전달하시지는 않는다. 그분은 단지 사랑과 은혜를 통해서만 현존을 전달하신다. 그리고 모든 영혼들이 그것을 소유하는 것은 아니다. 그리고 그것을 소유하는 사람들이 모두 같은 정도로 그것을 가지고 있지도 않다. '본성적으로 영혼에게 자신을 건네주시던 하나님께서 은혜를 통하여 초자연적으로 건네주시도록' 영혼은 본성적인 엇갈림들과 반대되는 것에서 모두 벗어날 필요가 있다.

요한에게 있어서 이 구절 중에서 말한 '은혜'는 하나님의 신비로운 교통이다. 비록 실제로는 모두에게 주어지지 않지만, 그것은 모든 이들에게 제공되는 것이다. 만약 그것을 받아들일 준비가 되어 있다면 받게 될 것이다. 요한복음 1장 13절(이는 혈통으로나 육정으로나 사람의 뜻으로 나지 아니하고 오직 하나님께로부터 난 자들이니라)을 언급하면서, 십자가의 요한은 이 말씀은 '낡은 인간을 죽이고 은혜로 새롭게 태어나면서 하나님으로부터 거듭남과 양자의 권한을 받아 자신을 딛고 초자연적인 것으로 일어선 사람에게만'(『가르멜의 산길』 2권 5장 5절) 성취된다.

데레사는 이 일이 일어나는 것을 '보았다'. 그녀는 우리를 지탱하는 하나님의 '본성적 현존'이 닮음에 기반을 둔 형언할 수 없는 친밀함의 현존이 될 수 있다는 것을 '보았다'. 이 성장하는 닮음은, 언제나 우리에게 당신을 내어주시는 하나님을 '껴안으며', 가장 친밀한 방법 안에서 그분을 '알 수 있도록' 증가된 역량과 능력이다. 이 은혜의 순간에 데레사가 깨닫게 된 영혼의 '중심'은, 그 자체로 되어가는 존재 즉 '되어가는 영혼'이거나 '영혼이 되어가는 존재이다. 하나님께서 당신을 더 많이 주셔서 그러한 것이 아니라—그분은 항상 당신을 완전히 주신다—영혼이 자신을 더 내어드림으로써 그분을 새로운 방법으로 더 받아 드리고 있으며, 받아들일 수 있기 때문이다.

우리를 사랑하시는 하나님을 '본다'는 것은 무엇인가? 데레사가 기쁨으로 황홀해졌다는 것이 놀라운 일인가? 만약 제대로 이해한다면, 그녀의 감정의 발로와 심지어 정신의 반응을 읽는 것은 우리에게 유익을 줄 것이다. 왜냐하면 일상의 삶과 어두침침함 그리고 메마름 가운데서 우리의 마음을 드높이고 눈앞에 고지를 계속 두는 것이 쉽지 않기 때문이다. 우리는 '보았던' 사람에게서 격려와 재충전을 구할 수 있다. 실제로 그녀의 표현 양식과 그녀가 선택한 이미지가 우리에게 호소력을 주지 못할 수 있지만, 적어도 우리는 사도들이 부활하신 주님을 보았던 방법과 유사하게 무엇을 '보았던' 사람의 환희를 파악할 수 있다. '보지 않고 믿는 자가 더 복이 있기' 때문에 우리는 환상 같은 것을 바라지 않고도 영감과 용기를 얻을 수 있다. 우리는 이것을 확신해야 한다. (이 해설서는 확신을 세우는 것을 목표로 한다.) 동일한 친밀함의 은혜가 우리에게 주어지고 있다. 심지어 이생에서도 우리는 그 사랑 안에서 완전히 변화될 수 있다. 데레사가 가졌던 것과 같은 '봄' sight은 오직 소수에게만 주어진다. 그러나 그녀가 자신이 경험한 눈부신 실재에 대한 감각을 나눌 때, 우리는 그것을 우리의 신앙과 열망의 자극제로 기쁘게 받아들일 수 있다.

지금 다루고 싶은 것은, 어떻게 '라이트 오프'의 관점에서 데레사가 말하고 있는 은혜를 동일하게 표현할 수 있는가이다. 먼저 이것을 이해할 필요가 있다. 데레사가 묘사하는 '호의'가 5궁방에서 말한 하나님과의 연합에 필수적인지에 관한 문제와 정면으로 직면하는 곳이 바로 5궁방이다. 그녀는 분명 아니라고 대답한다. 다른 곳에서는 확신이 없는 듯 모호하게 말하기도 하지만, 여기에선 매우 분명하게 표현한다. 우리는 이 책이 그녀의 경험과 생각이 완전히 무르익은 마지막 생애에 쓴 책이라는 것을 기억한다. 그녀는 진실을 증명하는 '호의'는 부족하지만 높은 영적 자질을 가진 사람들을 실제로 만났을까? 아니면 자신의 마음에서 나온 직감으로 쓴 것일까? 그녀는 우리에게 어떻게 하나님과의 연합을 얻을 수 있는지에 관해 상세히 설명한다. '우리 자신의 의지를 따름으로서가 아니라 하나님의 의지에 모든 것을 순종함으로써' 얻을 수 있다. 이것은 자신에 대해 '죽는 것'을 포함한다.

누에 이야기를 자세히 보도록 하자. 그녀가 만든 성Castle의 이미지는 이 지점에서 적절하지 않다. 좀 더 역동적인, 성장하는 이미지가 필요하다.

> 따뜻한 계절이 오고 뽕나무 잎이 퍼지기 시작하면, 이 씨앗(알맹이라고 부르는 것과 같은)은 비로소 살아나기 마련입니다. 하지만 목숨을 부지하기 위하여 먹을 것이 생길 때까지는 죽은 듯이 있습니다. 누에가 뽕잎을 먹고 자라다가 몸이 굵어지면 사람들은 작은 가지를 그 곁에 놓아줍니다. 그러면 조그만 입으로 명주실을 뽑아내서 촘촘한 고치를 만들어 그 속에다가 제 몸을 숨깁니다. 굵은 누에는 이렇게 죽음으로써 보기 흉한 번데기

가 됩니다. 그리고 어느 덧 그 고치에서 하얗고 예쁜 나비가 나오게 됩니다. …이 누에는 생명을 얻게 되는 영혼과 같습니다. 그때는 성령으로부터 오는 열기를 통해, 하나님께서 우리 모두에게 주시는 일반적인 도움을 이용하기 시작합니다. 그것은 하나님께서 교회에 남기신 여러 가지 방법들, 가령 고해성사를 받는다든가, 성서를 읽거나 강론을 듣는다든가 하는 그런 때와 같습니다. 위의 방법들은 게으름이나 죄로써 죽은 영혼과 자주 유혹에 빠지는 영혼이 이용할 수 있는 구제 수단입니다. 바야흐로 그 때에 살아나기 시작한 영혼은 이런 방법과 묵상으로 완전히 자랄 때까지 성장해 갑니다.

첫 번째 단계에서의 일반적인 노력은 새로운 것을 낳게 하는 성장을 가져온다. 인간 발달에서 새로운 단계가 시작되는 것이다.

누에가 완전히 자라면. …비단을 뽑고 자기가 죽을 집을 만들기 시작합니다. 여기서 이 집은 바로 그리스도입니다. 어디서 읽었는지 몰라도 우리 생명이 그리스도, 혹은 하나님 안에 숨어있다고 들었습니다. …우리의 생명은 그리스도입니다. …합일의 기도에서 그러했던 것처럼, 주님이 우리 집이 되어주시도록 우리는 애써 그 집을 짓습니다.

우리가 스스로 누에고치를 만든다는 것은 무슨 의미일까? 여기에서 그녀는 자신이 말하는 은혜는 순전한 선물, 즉 수동적인 기도의 상태라는 것을 분명히 암시한다. 그러나 여기에서 그녀는 우리가 스스로 누에고치를 짜고, 그리스도이신 궁방을 짓는다고 말하고 있다. 바로 여기에 문제되는 은혜의 그 핵심이 있다.

> 그 영혼은 자신을 온전히 그분의 손에 맡기고 그분의 더없는 사랑에 바쳐버렸으므로, 영혼은 자기를 어떻게 하시든지 당신의 뜻 외에는 아무것도 바라는 것이 없습니다. 내 생각으로는 하느님이 당신 것으로 삼으시지 않은 영혼에게 이러한 은혜를 주시는 일이 없습니다. 영혼은 어찌된 영문인지도 모른 채, 하나님께서 당신의 인을 그에게 치셔서 인이 찍힌 영혼이 되게 하는 것, 그것이 그분의 뜻입니다.

그녀는 다시 영혼의 순종의 행위와 영혼을 당신의 것으로 인치시는 하나님의 순전한 은혜를 합친다.

내가 아는 한 여인에 대해 말해도 될까? 방금 읽은 데레사의 글을 가지고 그 여인이 말한 것을 정리해 본다면, 그것이 어떤 것인지 이해하리라고 생각한다. 이 여인은 '라이트 오프'이다. 하나님은 그녀를 당신과 매우 가까운 신비적 연합으로 데려가셨다. 나는 그녀에게 5궁방에 대해 질문했다. 그녀는 5궁방에 대해서 무엇을 알았을까? 그녀는 데레사의 특별한 5궁방의 경험을 전혀 알지 못했다. 그녀는 그와 같은 경험을 했을까? 아니었다. 그렇다면 전혀 아무런 경험이 없었을까? 혹은 이제는 돌아보면서 그녀의 5궁방이 어떠했는지 말할 수 있지 않을까? 되돌아보았을 때(되돌아보는 것이 매우 중요하다) 이제는 확신하지만 데레사가 자신의 경험에 대해 말했던 것과 정확히 일치하는 순간을 기억한다고 대답했다. '라이트 온'과 같은 정신적 반향은 없었지만 본질적으로는 동일했다. 보기에는 빈약하고 눈에 띄지 않았지만 통찰과 선택을 받은 순간이 있었다. 그곳에는 '받아 적으라! 나는 하나님이다.'라고 적을 만한 것이 없었다. 그와 달리 너무나도 깊게 숨어 있어서 이제야 그것이 매우 강력하고 창조적인 은혜이자 초대이며 부르심이라는 것을 보게 되었다. 하나님의 창조의 부르심에 대한 니콜라스 카잔차키스의 시를 기억해 보라. 하나님은 만물을 존재하도록 부르시며 그 이상의 것이 되도록 부르신다. 그에 응답할 수 있는 피조물이 생겨나게 된다. 그 '부름'은 계속된다. 마음을 두드리면서 동물적 상태와 인간적 상태를 떠나라고 부르신다. 이것이 지금 일어나고 있는 일이다. 물질적 한계를 초월해서 자신을 하나님께로 향하게 하는 생명력 있고 능력이 넘치는 부름이다. 자신과 자신에게서 나오는 모든 것에 대해 '죽고', 신적 영역으로 데려가는 것에 동의하도록 요청 받는다. 전에 있던 모든 것은 이것을 위한 준비였다. 이 모든 이전의 과정들은 로켓 발사를 위한 준비라고 말할 수 있다. 로켓을 만들고 그것을 발사할 연소가 있어야 한다. 우리가 말하고 있는 그 '순간'은 로켓이 발사하는 순간이며 그 로켓은 한 치의 오차도 없이 목표물에 도달하게 될 것이다. 이와 같이 한 번 발사되면 어떤 것도 멈출 수 없다. 그 비유를 바꿔 말해, 이전의 모든 일들은 자신의 것을 가지고 그 문을 두드리기 위한 준비였다고 할 수 있다. 그렇게 하면 틀림없이 그 문은 열리게 된다.

신적이며 인간적인 일이 결부되는 것이다. 그곳에 도달하게 된 것은 전 인격을 포함하는 위대한 인간의 선택과 결심과 능력에서 비롯되는 것이라고 말할 수 있다. 그것은 효과적인 결단이다. 또한 그와 같은 행위는 인간의 역량을 넘어서는 것이라고 말할 수 있다. 하나님의 직접적 개입 즉 신적 에너지의 주입이 전제되어 있는 것이다. 우리가 4궁방이라고 부르는 은혜는, 영혼의 성장을 낳는 신적 주입의 시작이다. 데레사가 '연합의 기도'라고 말한 것은 종국적인 결심 definitive decision의 순간이다. '라이트 온'을 통해 데레사는 이러한 일, 즉 이 순간에 하나님께서 이루신 것을 보았기 때문에, 그녀는 이것이 지름길이라고 느꼈다. 그러나 실제로는 그렇지 않다. 그것은 '라이트 오프'의 경험과 다르지 않은 것이다. 그녀의 자서전인 Life를 보면, 그녀는 자신을 하나님께 드리기 위해 20년간 힘겨운 투쟁을 했다고 한다. 그리고 지금 논의하고 있는 온전한 회심의 순간까지 도달한 것이다. 순간이라고 하는 것은 논란의 여지가 있지만, 어쨌든 그것을 지름길이라고 말할 수는 없다.

내가 알고 있는 그 여인으로 돌아가 보자. 어떤 의미에서 그녀는 비록 그 결정적인 순간에 어떠한 선택의 여지도 없다는 것을 느꼈지만(그 빛은 너무 위대했고 그 충동은 너무 강해서 달리 어쩔 도리가 없었던 것이다), 객관적으로는 이것이 사실이 아니라는 것을 알고 있었다(다시 말하지만 감각의 수준에서 말이다). 심리적 수준에서는 어떤 일도 일어나지 않았기 때문에 모른 체하고 다시 이성과 감각적 인상의 세계 안에 자리를 잡는 것이 쉬웠을 것이다. 이 세계는 '자연적 인간' natural man에게 있어 매우 실재적으로 보인다. 정말로 이 은혜가 초연의 검sword of detachment을 손에 쥔 채로 그녀에게 임한 것이다. 그 검은 단번에 일상의 실재와 중요하게 연결된 것들을 잘라내었다. 그녀는 마치 하나님의 표시로 낙인이 찍혔지만 이 땅에서 추방된 가인과 같이 되었다. 우리는 '해야 한다는 의무'를 일으키는 신적 충동과 선택이나 동의라는 인간 활동 사이를 결코 분명하게 구별하려 해서는 안 될 것이다. 이 두 개는 밀접하게 서로 묶여 있다. 인간이 자신의 본성이 여전히 받아들이기 어렵다는 것을 동의하거나 거절하지 않을 능력이 있다고 말할 수 있을까? 그러나 은혜를 제공받는 순간에 거절할 가능성이 있다고 말해야 하고, 어떤 사람은 아마 이 지점에 도달했지만 그 이후에는 거절할 것이라는 사실을 고려해야 할 것이다. 데레사에게도 이러한 일이 일어났을까? 20년 전, 선택의 순간이 왔을 때 뒤로 물러섰을까? 혈과 육에 대해 많은 것을 질문하고 있지만, 잊지 말도록 하자. 피하고 싶은 유혹은 대단히 큰 것임에 틀림없다.

내가 아는 그 여인은 비록 그 충격이 사라졌지만 그 중요한 것이 어떻게 그 순간 그녀가 받은 통찰을 계속 고수할 수 있도록 해주었는지를 설명해 주었다. 그녀는 그 진리를 봤으며, 그 이후로 그녀의 삶이 그것에 의해 지배되었다는 것을 알게 되었다. 횃불을 손에 쥐었는데, 길고 어두운 터널을 지날 때까지 계속 그것을 붙잡아야 했다. 그런데 횃불의 빛이 자신에게는 보이지 않는 특별한 횃불이었다. 단지 그것이 손에 있으며, 무슨 일이 있어도 놓지 말아야 한다는 것만 알고 있었다. 얼마나 자주, 그 횃불을 없애고 삭막하고 외로운 여정을 포기한 후, 신선한 공기를 마시기 위해 밖으로 나와 웃고 있는 대지와 꽃들을 다시 보려고 했던가? 어쨌든 그녀는 횃불을 가지고 있다고 확신했던 걸까? 그것은 가질만한 가치가 있는 것이었을까? 어떻게 그것을 알았을까? 그녀를 인도한 터널은 어디로 향한 것이었을까? 그것은 하나님의 길이었을까? 그녀는 어떤 증거를 가졌던 것일까? 오래 전에 가졌던 그 통찰은 환상이나 착각이 아니었을까? 그러나 그녀는 계속 앞으로 나갔고 한 시도 포기하지 않았으며, 항상 바라봤고, 우리가 말하듯이 자신의 '꿈'에 사로잡혔다. 하나님을 사랑하고 있음을 알지 못했기 때문에, 대범함이 없었고, 목표를 향해 진실하게 나가고 있다고 주장하기에는 아무 것도 없었기에, 고통을 겪으면서 앞으로 나가야 했다.

이것이 바로 실제 삶에서 그분의 손으로 인도되고 진정으로 하나님의 것이 되는 것이 무엇인지를 의미하는 바이다. 그녀가 실패할 수 없다는 것을 의미하는 것은 아니다. 그것은 나침반이 항상 맞춰져 있으며 하나님을 향해 늦추지 않고 나기게 될 것을 의미한다. 이것이 5궁방의 은혜이다. 이곳은 머무는 장소가 아니라 역동적인 결심의 순간이며, 제안과 승낙을 요구하는 초대의 장이다. 승낙은 우리의 능력을 넘어서는 것이고 하나님과의 접촉의 직접적인 결과라는 것을 이해하게 하는 곳이다. 데레사는 자신의 중심에 놓인 것에 관해 말하고 있는데 이것이 의미하는 것은 다음과 같다. 비록 자연적 상태가 하나님께 개방되어 있다는 사실을 항상 기억해야 하지만, 그것은 그 사람이

자연적 상태에서 벗어났다는 것을 의미한다. '자연적'이라는 것은 우리가 물질적 존재라는 의미인데, 바울은 이를 '육' flesh이라고 하였다. 이제는 영이라는 '중심'이 있다. 영이란 하나님의 것, 그분으로 변화되는 것, 그분의 존재에서 나온 것, 신적 본성을 공유하는 것을 의미한다. 이 순간 영혼의 반응에는 이 궁방에 도달하기 전까지 불가능하고 상상할 수 없는 특질(특징)이 있다. 이 궁방의 신비적 만남과 영혼의 응답이 있다면, 로켓은 발사되고 목표에 도달할 때까지 속력을 내면서 가속을 올릴 것이다. 중요한 점은 마지막 목적지에 도달한 후에 뒤를 돌아볼 때까지는 5궁방에 관한 지식을 가질 수 없다는 것이다. 경험하거나 경험했던 것, 느끼거나 느끼지 않은 것으로는 추론할 수 없다. 우리는 아마 자신이 하나님만을 원하고 그분께 복종한다고 생각할지 모른다. 이것이 진실인지 아닌지는 알 수 없다. 우리가 아는 유일한 방법은 거기에 도달했느냐이다. 정말 문을 두드렸다면 문은 열렸으며, 진정으로 하나님을 원했다면 우리가 원한 그분을 받아들였을 것이다. 설사 지금 이 순간에는 자신의 손으로 그것을 만지지 못할지라도 오로지 뒤를 돌아봤을 때에만 은혜의 순간에 있었던 모든 것을 분별할 수 있다. 이를 통해서, 영적 여정 중에 우리가 어디에 있는지 알기 원하는 것은 쓸모없는 일이라는 사실을 곧 알게 된다. 우리는 알 수 없다. 더군다나, 알고 싶어 하는 것은 이 단계의 특징인 하나님만을 원하는 것과는 반대되는 자기추구이다.

데레사는 자신이 5궁방에서 말하고 있는 연합의 은혜에 관한 최종성definitiveness을 인정한다. 그것은 크고 못생긴 벌레가 사랑스럽고 흰

나비로 바뀌는 것만큼 대단한 변화를 초래한다. 그러나 알아야 할 것은 이것은 단지 상대적인 변화일 뿐이다. 그것은 7궁방에 맞는 변화가 아니다. 나비 이미지에서 강조하는 것은 아름다움 보단 자유이다. 오랜 속박에서 벗어나 하나님을 향해 갈 수 있는 자유가 생긴 것이다. 땅의 무거운 무게가 더 이상 그를 끌어당기지 않는다. 새로운 피조물은 이제 이 땅을 넘어 또 다른 영역으로 올라간다. 이것은 모든 치료 활동에서 올바른 생활을 촉진하는 웰빙well-being으로부터 나오는 놀라운 느낌에 관한 문제가 아니다. 이것은 가능함enablement에 관한 문제이며 감정이 동반될 필요는 없다. 그것은 감정이 아닌 의지의 변화이다.

그러나 애매모호한 것이 있다. 이것이 최종적인 것인가? 그렇다. '그러나 우리는 신실하지 않다'고 데레사는 말한다. 확실히 자신에 대해 언급하고 있지만, 또한 지금까지 알았던 사람들과 '위대한 영성가'에 대해서도 말하고 있다. 그들도 퇴보한 적이 있다. 무엇보다 '연합'의 상태는 완벽함을 암시하고 있다고 생각하거나, 모든 것을 했으니 할 일은 단지 로켓이 날아갈 때 캡슐에 들어가서 앉아있는 것이라고 생각하면 안 된다. 이것은 완전히 잘못된 것일 수 있다. 그것은 단지 완전함의 시작이다. 큰 어려움이 있는 길고 긴 여정이 앞에 놓여 있다. 죄에 빠질 수 있으며, 영혼이 완전히 성숙하지 못하기 때문에 무분별할 수 있다. 그러나 그 순간이 결코 사라지지 않는다는 점에서, 5궁방을 5궁방 되게 하는 본질은 최종성인 것 같다. 타락과 실패는 즉시 복구된다. 이것을 보증해줄 생명의 약동이 존재한다. '내가 생각하

기에, 하나님은 당신의 것으로 취하시는 영혼에게만 연합의 기도 같은 호의를 허락하십니다.'

생각해 보면, 이것은 회심 때 바울에게 주셨던 은혜이며, 예수님의 부활 뒤에 사도들에게 주셨던 은혜이다. 거기에서 그들은 진정한 제자가 되었다. 이러한 의미에서 데레사가 언급한 유다는 결코 예수님의 제자가 아니었다. 세례가 의미하고 가리키는 것이 바로 그 은혜이다. 그러나 그것이 거의 그렇게 작용하고 있지 않다고 말해야 한다.

내 생각에 데레사가 실패를 통탄할 때는, 이전에 오는 것 즉 예비 preparatory 은혜에 부합하지 못하는 것 또는 문지방까지 갔는데 그것을 넘어가기를 거절하는 것을 말하는 것 같다. 우리는 4궁방을 매우 다양한 방식으로 생각해야 한다. 거기에서 말한 것은 2궁방 혹은 3궁방을 떠나도록 청하는 주부적 관상의 가장 초기 은혜에 속한다. 그러나 때로는 예수님의 진실한 제자가 되거나 세상의 빛이 되게 하는 진정한 회심을 준비케 하는 훨씬 더 발전된 단계와 관련이 있다. 데레사는 주님께서 사람들의 속도대로 그들을 다루신다고 생각했다. 말하자면, 그분께서 이 목적을 위해 주시길 원하는 그 큰 은혜를 주시는 것에 있어서 그들을 신뢰할 수 있는지를 시험하신다. 만약 그들이 필요한 결심을 보여주지 않으면, 주님은 그들 자신과 다른 사람들을 위해서 그것을 주지 않으실 것이다(주시게 되면 그것은 그들의 죄를 더 커지게 만들 것이다).

그녀는 약혼 이미지를 사용한다. 그 시대에는 약혼이란 물러설 수 없는 신중하고 진지한 단계였으며 틀림없이 결혼까지 갔다. 우리가 언급하고 있는 5궁방에서의 영혼은 시험을 받고 준비되어진다. 지금까지 예비적인 대화와 선물의 교환이 있었다. 이제는 신랑의 개인적 방문이 있게 된다. 이것으로부터 이해가 커져간다. 영혼은 그때 그가 누구이며 그를 배우자로 맞는 것이 무엇을 의미하는 지에 대해 암시를 받는다. 그녀는 받아들일 것인가? 만약 대답이 예라면 '계약서에 서명을 한다.' 그리고 그분은 그녀에게 최종적인 은혜를 허락하신다. 그 은혜와 그것이 낳은 결심은 이미 설명한 바와 같이 하나이다. 우리가 주장하듯이 많은 사람들이 이 선택으로 데려가진다. 그러나 일부만이 복종하고 앞으로 나간다. 그럼에도 불구하고 이 '실패자들'이 받았던 은혜도 상당하기 때문에, 그들에게 두드러진 영향을 주게 된다. 만약 계속 훌륭한 삶을 산다면, 그와 같은 사람들도 지금쯤은 하나님을 향한 더 큰 수용성capacity을 가지고 더 큰 빛으로 다른 사람들에게 빛을 줄 것이라고 데레사는 생각한다. 물론 그녀는 자신의 실제 경험을 염두에 두고 있다.

일단 누군가가 정말 그 계약서에 서명을 하거나 자신의 로켓을 쏘아 올렸다면, 매우 중대한 일이 하나님의 세상에서 일어난 것이다. 이 사람은 하나님의 세상에서 심대한 지배력을 가지게 될 것이며 많은 것을 이끌게 될 것이다. 그러나 이 영향과 이끎이 명백히 드러나게 되리라는 것을 의미하는 것은 결코 아니다. 그것은 삶의 깊은 샘에서 일어날 수 있으며 일어나야 한다. 여기에만 그 영향이 실재한다. 이렇게 멀리까지 도달한 사람들이 '소중하다'는 것을 데레사는 알기 때문에 그녀의 신경은 날카로워졌다. …그들이 실패한다면 얼마나 끔찍한 일인가. 그들은 부지런하고 방심하지 말아야 한다! 물론 이것은 당연한 말이다. 부지런함과 방심하지 않는 것은 그 은혜의 핵심적인 부분이기 때문이다. 이제 그 넓은 틈을 뛰어넘어 하나님의 세상으로 갔던 사람들을 잠시 미루어놓고 왜 나머지 사람들은 그렇게 멀리까지 도달하지 못하는지를 고려하기 위해서 다음과 같은 사항은 특별히 언급할 가치가 있다. 데레사는 젊은 시절 '연합의 기도'라고 여겼던 것을 회상할 때 이같이 말했다. '사실 그녀는 언급했던 결과들을 그때까지는 경험하지 못했습니다.' 이 문장 뒤에 '이후에 주님은 그녀에게 새로운 빛을 주셨습니다.'라고 말한다. 5궁방을 소개할 때 그녀는 '이 방에 있는 것들 중 얼마는, 내가 확신하건대 몇 사람만이 성취합니다.'라고 단언한다. 이 같은 관찰은 다음의 입장을 강화해주는 듯 보인다. 즉 어느 누구도 이 땅에서는 전적으로 안전하지 않기 때문에 여기까지 온 사람도 이론적으로는 실패할 수 있다는 것(부족한 점이나 실수가 아닌, 정말 다시 뒤로 돌아가는 것)을 감안하더라도, 이 단계는 본질상 되돌릴 수 없는 것이다. 그래서 데레사가 언급한 실패는 예비 단계에 속하는 것이라고 결론 내릴 수 있다. 예비 단계에서 받은 신비 은혜로 인해 반향되는 정신적 경험이 실제로 5궁방에 머무르게 했던 것과 같은 경험처럼 보였기 때문에, 데레사는 혼동했던 것이다.

그녀는 자신의 영적 가족인 가르멜 수도원(이들은 오직 하나님께 복종하기 위해 존재한다) 회원들에게 대화중에 '우리 중 일부만이 주님께서 관상이라는 귀중한 진주를 주실 수 있도록 준비할 수 있습니다. 이것은 아무리 뛰어나고 영적인 것을 지향하고 있더라도, 외적인 실천은 관상으로 이끌 수 없다는 사실을 명확하게 보여줍니다. 이것은 엄격한 금욕생활에 관한 문제가 아닙니다. 이것은 내면의 고행을 추구하는 것과 관련되었는데, 우리 중 몇 사람만이 필요한 수준에 도전할 수 있습니다.'라고 말했다. 만약 당신이 얻고자 한다면 '크던지 작던지 주님은 당신이 어떠한 것도 숨기지 못하게 하실 것입니다.' 우리는 자신의 누에고치를 짜야 하는데 이것은 자아가 죽고, '자기 사랑, 자기 의, 세속적인 것에 대한 애착을 포기해야 한다'는 것을 의미한다. 참회, 기도, 고행, 복종, 우리가 아는 모든 선한 일을 연습해야 한다. 밀교적esoteric인 것은 없으며 마술과 같은 연습도 없다. 일상의 경험 바깥에 있는 것은 없다. 이것은 예수님의 가르침을 최고로 완벽하게 지키며 살고, 그분께서 말씀하셨듯이 전적으로 온전하게 되는가에 관한 문제이다. '우리 중 많은 사람이 이것을 한다고 말하며, 다른 것은 원하지 않고 이 진리를 위해 죽을 것이라고 생각합니다.' 종교적 생활에 들어가서 잘 사는 것으로 충분하지 않다. 파괴하는 일에 항상 바쁜 해충들을 조심하라. 그것들은 사소한 일 가운데서 미묘한 방법으로 행하는 자기애, 자만, 비판들이다. 그것은 이웃을 보통 수준으로만 사랑하는 것이다. 우리는 자비롭지 않다. 예수님께서 우리에게 보여주신 것과 같은 관대한 사랑과 섬김은 어디에 있는가? 우리는 '자신을 너무 좋아하고 어떤 권리도 잃지 않으려 조심합니다.' 자신을 위해 낭비하는 것은 두려워하지 않으면서 말이다! 그녀는 이웃사랑에 큰 가치를 두었다. 왜냐하면 실제로는 이것이 하나님을 사랑하는 방법이기 때문이다. 그녀는 여기서 훌륭한 안내자 역할을 한다. 이 글을 썼던 때는 더 실제적인 사랑을 강조했다. 이전에는 '경험'에 매혹되어서 경험이 중요하다고 생각했지만 말이다.

  그녀의 글을 읽어보면 '호의'와 대조되는 것에 더 많은 가치를 두는 것을 볼 수 있다. 그녀는 이웃이 어려움에 처한다면 모든 것을 제쳐두어야 한다고 주장한다. 데레사는 하나님과의 연합이란 느낌과 관련 있다거나, 또는 구석진 곳에 숨어서 한 순간도 흐트러지지 않게 자신을 감싸는 것으로 생각하는 사람들을 비판한다. 데레사는 결코 속지 않았다. 그녀는 추구하고 원하기만 하면 모든 종류의 '종교적' 경험을 할 수 있다는 것을 알고 있었다. 그런데 가장 중요한 가치인 이웃에 대한 헌신은 하지 않으면서 종교적 경험을 하는 사람들은 종교적 감정의 상태에 신경을 쓰다 보니 이웃에게서 방해 받지 않으려고만 한 것이다. 그것을 얻는다는 것이 무슨 소용이 있겠는가? 사람들이 감정을 너무 중요하게 여기는 경향이 있다는 것을 잘 알지만, 하나님의 뜻에 맡기는 것과 초연함이 가족을 잃었을 때 슬픔과 비탄의 감정을 없애는 것과 같은 것이 아니라고 경고한다. 이것은 본능적 움직임이며 의지와 관련이 없다. 물론 우리 주님도 그와 같은 감정을 겪으셨다. 또한 감정이 실재라고 해석하려는 경향에 대해서도 경고한다. 사람들은 자신이 미덕을 가지고 있다고 느끼기 때문에 그것을 실제로 가지고 있다고 상상할 수 있다는 것이다. 그 미덕을 가지고 있다는 유일한 증거는 일상에서 우리가 어떻게 행동하는가에 달려 있다. 굴욕스러움에 직면할 때 우리는 겸손한가? 생각이나 말이나 몸짓에서 자신을 낮추어 보는 것은 중요하지 않다. 정말 중요한 것은 실제 그런 상황이 주어졌을 때 어떻게 행동하는가이다.

만약 영적으로 앞서 나가기를 원하는 사람과 영적 안내자인 사람에게 충고를 해야 한다면, 나침반을 잘 맞추라는 충고를 줄 것이다. 다시 말하자면 자신을 하나님께 드릴 수 있도록 자아를 잘 모아야 gathering up of the self 한다는 말이다. 이것은 정신적 인식과 관련이 없다. 이것은 매일의 삶 속에서 일어나는 것이다. 이것은 하나님의 부르심에 즉시 '예'라고 응답하기 위해 끊임없이 주의를 기울이는 것을 포함한다. 그분이심을 알아채지 못하기 때문에, 당신을 주시면서 그곳에 계시는데도 우리는 지나쳐버린다. 우리는 실제로 그분을 찾지 않는다. 영적인 단계나 상태, 기도 중에 무슨 일이 일어나는지, 하나님에 관해 무엇을 느끼는지에 관해 집중할 것이 아니라, 그분께서 어디에 계시는지, 지금 무엇을 요구하시는지에 집중해야 한다. 중요한 것은 인생의 매 순간마다 그곳에서 기다리며 받아들여야 한다는 것이다.

5궁방을 떠나기 전에 다음과 같은 사항을 언급하는 것이 좋겠다. '라이트 오프'인 사람의 어려움을 생각히면(데레사 자신도 죽을 때까지 새로운 삶을 살고 있다는 것을 느끼지 못하는 것과, 사랑하고 사랑받는다는 것을 느끼지 못하는 것이 얼마나 힘든 일인지에 대해 주의를 기울였다), '라이트 온'인 사람은 모든 유리한 점을 다 가지고 있어서 인생이 그들에게는 훨씬 쉽다고 생각할지도 모르겠다. 이것은 착각이다. 데레사는 그들의 시련은 숭고한 본성으로부터 오며 매우 혹독하다고 말한다. 그녀의 글 중 여러 곳에서 '보는 것'의 대가를 말하고 있다. 단지 본다는 이유로 '라이트 온'은 우리가 알지 못하는 시련을 겪는다. 어떤 점에서 그들은 죄와 사랑의 거절에 대해 주님이 경험한 것에 참여한다. 참을 수 없는 고통에 관해 데레사가 쓴 글을 읽어 보라. 이것은 단순한 감정주의가 아니다. 그것은 '본 것'으로 인해 일어난 결과이다. 나는 특별히 '라이트 온'인 사람과 가까이 있다. 나는 그에게서 일어난 일과 몸에 일어난 모든 표지를 관찰자로서 알고 있다. 여기에는 몸과 마음을 빼앗길 만한 슬픔이 있다. '라이트 온'은 하나님께 특별한 종류의 사랑과 동정심을 드리도록 부름 받았는데, 이것이 반드시 더 위대한 것은 아니더라도 오직 '보는 것'으로부터만 흘러나올 수 있는 것이다.

'라이트 온'과 같이 '라이트 오프'에게도 5궁방은 예수님의 죽음 안에서 그분과의 연합을 의미한다. 그분의 고난과 죽음으로 들어가려는 결심이 5궁방의 핵심이다. 사람들은 이러저러한 방법으로 고난을 겪는다. 지름길은 없으며 우리를 대신해서 해주지도 않는다. 진정으로 예수님의 제자가 되려면 우리의 십자가를 지고 그분의 발자국을 따라가야만 한다.

제6궁방

6궁방은 신적인 사랑, 환상vision, 황홀경ecstasy, 영어locution가 있는 친밀한 교제의 땅이다. 이곳에서 우리는 그리스도의 말할 수 없는 풍성함 속으로 들어가는 것이 허락되며, 영적 지식과 지혜로 충만해진다. 동시에 그 지혜는 죽으시고 부활하신 그분에 관한 지혜이기 때문에 6궁방은 고난의 땅이다. 그리고 그분의 죽음에 깊이 참여하면서 그분의 부활의 능력을 경험하는 땅이다. 5, 6, 7궁방 사이에는 통일성이 있다. 5궁방은 우리를 관상적 삶과 열정적인 사랑의 삶으로 인도한다. 6궁방은 그 사랑으로 인한 삶이며, 복종하는 마음에서 나오는 삶이다. 7궁방은 사랑의 완성이다. 5궁방의 은혜는 우리를 앞으로 나아가게 하는 역동성을 주며, 6궁방은 실제적인 여정이고, 7궁방은 도달하게 되는 목적지이다. 우리가 그분을 허락하기만 한다면, 하나님께서 하시고자 하는 것이 실제로 증명되는 것을 여기서 보게 된다.

비록 주님께서 주시고자 하는 사람에게 이것을 주시는 것이 사실일지라도 그분께서 우리를 사랑하시듯이 우리가 그분을 사랑한다면 우리 모두에게 주실 것입니다. 그분께서 주시고자 하는 이들이 이것을 갖는 것 외에 주님은 아무것도 원하지 않으십니다.

앞 궁방의 결정적인 선택은 어떤 면에서는 전에는 가능하지 않았던 방법으로 우리를 하나님께 개방하게 한다. 더 정확히 말하자면, 그분에 대한 수용성을 크게 넓혔기 때문에 하나님은 비교할 수 없는 충만함으로 당신을 내어 주실 수 있게 되었다. 그러므로 그분께서 하시는 일은 이제 능력으로 가득 채워진다. 그분의 일은 무한한 넓이와 길이와 높이와 깊이로 가득 차고 우리의 질문과 생각을 뛰어넘는다. 우리가 지속적으로 하나님께 복종했기 때문에, 이제 우리 안에서 하시는 하나님의 일도 지속된다. 지금까지는 그렇지 못했다. 당분간은 복종의 태도를 유지했겠지만, 이후에는 결심이 약해지고 복종을 포기했었다. 다시 하나님의 사랑의 압력을 피해서 자기 보호로 떨어진 것이다. 그런데 이제는 다르다. 언제나 우리의 마음은 부르짖는다. '주님, 오시옵소서. 오직 주님 외에는 아무것도 원하지 않사오니 내 안에서 당신의 뜻을 이루시옵소서.' 이것이 데레사 안에서 우리가 보게 되는 것이다. 여기에 사랑의 상처를 입은 사람이 있다. 그분의 뜻을 너무 열렬히 원해서 어떤 대가도 아까워하지 않는 사람이 있다. 그분은 모든 것을, 모든 것을 가지셔야만 한다. 그리고 이것에 대해 하나님은 '그리고 너, 사랑하는 자여. 네가 모든 것을 가져야 한다.' 라고 답하신다. 이러한 친밀함의 영역들로 들어갈 때, 불가피하게 결혼이라는 주제를 취하게 된다. 최고의 표현으로 말하자면, 인간의 결혼은 하나님과 그분께 속하기를 선택하는 피조물 사이에서 일어나는 일에 관한 이미지라고 할 수 있다. 그녀는 찾았고 노력했으며 계속해서 문을 두드렸다. 그리고 마침내 찾기 시작했고 문은 그녀에게 열렸다. 이러한 약혼, 즉 '나는 당신의 것입니다' 라는 돌이킬 수 없는 약속과 '나는 항상 너의 것이며 확실히 너를 나의 것으로 만들겠다' 라는 확실한 응답은 '라이트 온' 이나 '라이트 오프' 와 관계없이 일어난다. 약혼의 실재는 동일하다. 거듭해서 다시, 규칙적으로, 계속해서 신적인 사랑은 어떤 물질적인 것의 중개 없이 자신을 내어준다. 만약 '라이트 온' 경험에서 일어나고 있는 일을 밝게 비추는 것이 그분의 뜻이 아니라면, 생명력 있고 변화시키는 포옹은 본질상 비밀스러운 것이다. 그런데 이 '라이트 온' 경험은 엄격한 의미에서 초자연적인 것으로 설명되어야 할 것이다. '라이트 온' 이 아니라면 그것을 직접 알 수가 없다. 구애라고 부를 수 있는, 이 말로 표현할 수 없는 하나님의 일은 가장 어둡고 은밀하게 일어난다. '당신은 죽었습니다. 그리고 당신의 생명은 하나님 안에서 그리스도와 함께 숨겨졌습니다.' 하나님 안에 숨겨진 이 생명이 우리의 진정한 생명이다. 즉 우리는 이제 육flesh의 생명에 대하여 죽은 것이다. 죽을 육신에 여전히 묶여 있기 때문에, 이 새로운 생명 즉 우리를 살아가게 하는 부활하신 주님의 생명을 직접적으로 볼 수는 없다. 우리는 단지 그 결과들을 통해서만 그 생명을 알 수 있다. 믿음은 이것이 우리의 유산이라고 말한다. 우리는 이것을 우리의 것으로 만들기 위해 노력해 왔다. 우리는 자신이 깊이 변화되었음을 발견하게 된다. 그리고 이것이 하나님께서 하신 일이라는 것을 알게 된다.

   6궁방은 아주 긴 여정을 다룬다는 것을 쉽게 짐작할 수 있을 것이다. 비유적으로 말하자면, 엄청 먼 거리를 횡단하는 것이다. 시간적으로 말하자면, 그 여정은 긴 시간이 걸리며, 완전한 자기-비움과 하나님이 아닌 모든 것에 대해 죽는 것으로 이루어져 있다. 그것은 엄청난 성장과 자연적인 성숙을 훨씬 앞지르는 영적인 성숙을 포함한다. 6궁방에 대한 데레사의 묘사는 이 궁방 안에서 많이 앞서가 있는 사람에 대한 묘사라는 인상을 준다. 그 사람은 7궁방의 문지방 위에 있는 것 같다. 그녀는 그 두 궁방 사이의 문이 열려 있는 것을 보았다. 만약 인간적인 이기심이 약간이라도 비쳐진다면, 그것은 또한 십자가의 길이 될 것임을 짐작할 수 있다. 데레사는 이것을 우리에게 경고해준다. 안팎으로 오는 고통이 있을 것이다. '정말이지 나도 이따금 생각합니다. 만약 어느 누가 미리부터 이것을 알았다고 가정한다면, 연약한 인간의 힘으로는 그 괴로움을 당해낼 수 없거나 도무지 당하려고 결심할 수 없으므로 지극히 어려울 것이라 생각하고 두려워집니다.' 그녀는 견뎌야 할 것을 견디기 위해서는 '시련이 가지고 있는 이러한 유익'에 관한 증표가 필요하다는 사실을 인정한다. 즉 이러한 삶에서 나오는 '그리스도와 함께 숨겨진' 어떤 것을 깨달아야 한다. 그렇지 않다면 그러한 고난을 참을 수 없을 것이다. 십자가의 요한도 비슷하게 말하고 있다. 아마 이것은 보편적인 진리일 것이다. 신적인 자극과 신적인 강화strengthening가 없다면, 신적인 것으로의 변화 이전에 있는 정화의 고통을 견딜만한 강한 열망을 갖는 것은 불가능한 일이다. 내가 생각하기에 이것은 5궁방에서 받는 은혜이다. 거듭 말하지만 실재reality는 의식적인 경험의 강도에 의해 평가될 수 없다. 결과에 의해서 평가되어야만 한다. 이것이 우리를 목적으로 나아가게 한다. '라이트 오프'는 '라이트 온'과 동일한 자극과 강인함을 받는다. 그러나 그것들은 숨겨져 있으며 오직 그 결과에 의해서만 드러난다. 만약 궁방에 관한 이 책이 자서전적이라면, 6궁방의 장들은 특별히 그렇다. 여기에는 데레사 자신의 극적이고 강력하며 뚜렷한 경험이 있다. 이것을 유념하지 않으면 길을 잃을 수 있다. 우리와 상관없는 지극히 개인적인 본성에 집중하면서 그것을 중요하게 여길 수 있다. 다시 말하지만 이미 이야기했다시피 그녀는 다른 사람과 달리 '라이트 온' 경험을 가지고 있기 때문에 더욱 그렇다. 이것과 더불어 그녀는 명백히 민감한 사람이었기 때문이다. 강렬한 신비적인 삶은 정신적 능력을 고조시켰다. 다음과 같은 사실을 그녀는 구별하지 못했다. 첫째로는 그녀가 받은 본질적인 신비 은혜이고 둘째로는 그것에 관한 '라이트 온' 경험, 셋째로는 그녀의 감정적이고 지적인 삶 안에 있었던 반향, 이 세 가지를 구별하지 못했다. 그러므로 이 궁방에서 보는 대부분의 현상은 단지 초자연적 현상paranormal phenomena에 불과하다. 그것과 유사한 것들은 진정한 신비영역과 멀리 떨어진 정황에서도 쉽게 일어난다.

시련에 관한 그녀의 다소 극적인 특성은 그녀의 '민감한' 본성과 그로부터 나오는 심리적 경험과 연결되어 있다. 감각적인 것을 좋아한 다는 사실을 인정한(Way of Perfection 8장) 신경 에너지가 풍부하고 생기 있는 이 인물은 단조로움과 지루함을 거의 견딜 수 없었다. 더군다나, 데레사는 보증security에 대한 유별나게 강한 욕구를 가지고 있었던 것 같다. 그녀가 있었던 시대뿐만 아니라 우리들도 이 같은 생각을 갖기 쉬운데, 특별한 고통뿐 아니라 특별한 경험이 진정 거룩한 삶과 동반된다고 여기는 것이다. 이 둘을 모두 가지는 것이 권위를 주는 것 같다. 무의식적으로, 이러한 보증을 향한 열망은 데레사의 삶 속에서 발생한 그 일들과 매우 관련이 있었을 것이다. 하나님께서 당신을 부르시며 '사랑하는 자여'라고 하신다거나 혹은 '두려워하지 말라!'라고 하신 말씀이 주는 위로와 안심을 상상해 보라. 얼마나 특별한 느낌과 보증을 주겠는가! 물론 데레사가 이것을 만들어냈다고 말하는 것은 아니다. 그렇게 된다면 진실과 멀어지며 결과적으로 하나님을 막을 수 있는데, 분명 데레사는 그렇게 한 것이 아니다. 간단히 말하자면, 그녀는 특별한 기질을 가지고 있고, 장점과 약점이 있는 지극히 인간적인 사람이라고 할 수 있다. 우리 모습 그대로가 우리 자신이다. 우리 모습 그대로, 그 기질대로 하나님께 나아간다. 하나님은 우리의 본래 모습 안에서 우리의 기질을 통해 자신을 주시는 데에 능숙하시다. 데레사는 인간 심리학을 어느 정도 알고 있는 20세기의 여성이 아니다. 그녀는 우리 보다 더 속기 쉬운 다른 세상에 속해 있다. 몇 백 년 후에 우리 후대의 사람들이 돌아보게 되면, 우리가 생각했던 신중하게 공인된 영역에 대해서도 우리가 너무 쉽게 믿었다고 말할 수 있다. 신비 은혜 자체는 매우 비밀스럽다는 주장을 계속하고 있지만, 이것이 하나님께서 지적 심리적 상태를 포함하는 모든 가능한 종류의 경험 안에서 우리에게 오시는 것을 허용하지 않으신다고 말하는 것은 아니다. 그러나 일단 그러한 경험들은 신비 은혜 자체가 아니고, 하나님도 아니며, 그분으로부터 직접적으로 온 것도 아니다. 그것은 그분이 오시는 모든 다른 방법들(독서, 좋은 생각, 사람들, 사건 등등을 통해 오는 것)과 함께 분류되며, 또한 우리는 그 경험들이 신비 은혜의 결과인지를 확신할 수 없다는 사실을 깨닫는다면, 그땐 모든 착각의 두려움을 물리칠 수 있게 될 것이다. 데레사가 6궁방에서 겪은 고통을 이 관점에서 본다면, 자신의 경험의 진정성에 대한 확인을 위한 열정적인 연구는 전혀 불필요한 것이었다. 그녀는 이것을 알 수 없었다. 반면에 우리는 심리적 활동에 관한 현대적 지식, 무엇보다도 무의식에 관한 지식으로 인해 이것을 알 수 있는 것이다. 이 점을 고려하지 않는다면, 왜 사람들이 하나님께서 불확실함이라는 고뇌를 야기한 것에 직접적인 책임이 있다고 생각하는가를 이해하기 어렵다. 복음이 보여주는 길은 복잡하거나 모호하지 않다. 하나님은 그분의 자녀를 곧은길을 따라 인도하신다.

  데레사의 삶 속에서 정말 놀라움을 주는 것은, '놀랄만한' 것 그 자체가 아니라 전적으로 하나님의 뜻과 사랑을 받들었던 방식이다. 그 자체로는 위험할 수도 있었던 것이, 그녀의 일편단심과 진정으로 하나님을 원한 마음 때문에 유익한 것으로 변할 수 있었다. 미묘하게 자아를 추구하는 것 같고, 권위 있는 '경험'을 열망하는 바로 그곳에서 그녀는 자신을 깨끗하게 해주는 하나님의 손을 만났다. 분명한 검증을 얻기 위해, 데레사는 다양한 체험의 진정성을 의심했던 다른 사람들과 고해신부들이 일으킨 끔찍한 괴로움을 감내해야 했다. 그녀는 생생함과 열정을 가지고서, 이 의심으로부터 오는 순전한 고통을 묘사했다. 그때의 경험은 태양의 일식과도 같았다. 그녀는 '이것은 하나님께서 행하셨다'는 권위 있는 말을 열망했고, 그녀는 자주 '악마'의 소리와 '미혹'의 소리를 들었다. 그러나 단 하나의 옳은 대답이 있었는데, 그것은 그분께서 어떤 방식으로 오시든지 간에 하나님께 드리는 유일한 인간의 대답이었다. 데레사는 완전한 신뢰와 포기라는 대답을 하나님께 드렸다. 어떻게 해서든지, 우리는 이 완전한 포기에 이르러야 한다. 하나님의 선하심과 신실하심을 제외한 모든 보증에 대한 포기가 있어야 한다. 데레사의 경우, 이것은 우회하는 길로 보이나 실상은 경탄할 만큼 훌륭한 길이다. 그래서 그분은 그녀의 경험들 안으로 오셨고, 의심의 고뇌 가운데 오셨다. 그녀가 이 고통에 관하여 말할 때, 마음 깊은 곳에서는 그녀 역시 개인적인 의심을 하고 있었다. 그러나 '호의'로 인한 기쁨에도 불구하고 그녀는 진리의 감각을 결코 잃지 않았다. 반복적으로 그녀는, 호의는 거룩함의 확실한 표지가 아니고, 환상을 보지 못하며 영어를 듣지 못하더라도 거룩한 사람들이 있고, 호의를 가졌지만 거룩함과는 거리가 먼 사람들이 있다는 사실을 말했다.

'라이트 온'은 그 안에 자체의 증언을 가지고 있어서 이것을 의심할 여지가 없다. 데레사 자신은 의심할 수 없는 경험을 관찰했다. 그녀가 어리둥절했던 것은 이해할 만하다. 한편으로는 확신했지만 또 다른 한편으로는 속았다는 사실 때문에 두려웠다. '라이트 온'은 스스로 보여 줄만한 어떤 것도 가지고 있지 않다는 사실을 반복해서 말할 가치가 충분하다. 이것은 모든 인간의 표현 범주를 벗어난다. 이러한 이유로 자신에게도 그것에 관해 뭐라고 말할 수 없다. 물론 데레사도(는) 이해할 수 있었지만, 만약 정신이 어떻게 활동하는지 우리가 이해하지 못한다면(우리는 그것이 활동하고 있다는 것은 알지만 어떻게 활동하는지는 모른다), 필연적으로 의식적 자아는 그것으로부터 무언가를 만들어내고자 하는데, 이것은 원래 그러한 경향을 가지고 있는 것이다. 의식적 자아는 그것을 자기에게 보여주기를 원한다. 그러나 이것은 '라이트 온' 계시에 관해 기록하고 말할 수 있는 '외적 표현'일 뿐 계시 그 자체는 아니다. '라이트 온'인 사람으로부터 이것을 내가 알지 못했더라면 알 수 없었을 것이다. 내가 아는 그녀는 지적이고 학문적인 무게가 있는 사람이었다. 그녀는, 어째서 데레사와 다른 사람들이 자신들도 모르는 상태에서 본질적으로 표현할 수 없는 것을 모든 정신적 경험과 감정적 경험 안에서 표현하려고 했는지를 이해하고 있었다. 다가올 장 속에 있는 사랑이 타오르는 표현들을 보기 전에, 실제적으로 고려해야할 중요한 한두 개의 요지가 있다.

'배우자의 사랑으로 인해 상처받은' 이 여성은 고독을 추구했다. 데레사의 삶에 정통한 사람이라면, 누구나 데레사가 처음 20년간의 수도생활을 했던 성육신 수녀원의 엄격하지 않은 상황에 관해 이런저런 생각을 하게 될 것이다. 이곳의 중요한 결점 중 하나는 세속성이었다.

그곳에서는 물러남과 규율로 묶어놓은 침묵과 고독을 경시했다. 데레사가 진정한 회심을 경험했을 때, 이 상태를 매우 불만스럽게 여겼다. 약점이 있기 때문에 보호 장치가 필요하다는 것을 깨달았다. 동시에 보다 큰 묵상생활을 열망하게 되었다. 이것이 성 요셉 수녀원과 이후의 단체들을 설립하는 데에 영감을 주었다. 그곳들은 하나님께 완전히 노출되는 기회를 가진 작은 사막이 되는 것을 지향했다. 우리는 그녀의 생각을 오해해서는 안 된다. 그녀는 여러 번 기도라는 이름 아래에서의 도피를 경고했다. 갈등, 좌절, 인생의 짐으로부터 도피하는 것에 불과한 고독을 추구하지 말라고 경고했다. 이것은 자기-몰두일 뿐이다. '사랑의 상처를 입은' 자들에게 이것은 생각지도 못하는 일이다. 그런 사람들은 하나님께서 실제의 인간 상황 속에 계시며, 오직 그곳에 계신다는 사실을 경험적으로 알고 있다. 그들은 그분께 자신이 드러나기 위해서 고독 가운데 사는 것이 실제 상황 속에서 사는 것이며 이러한 짐들을 버리지 말고 어깨에 짊어지고 있어야 한다는 사실을 알고 있다.

하나님을 진정으로 사랑하고 자신의 처지를 깨달은 자들에게 자비가 있기를! 한 영혼을 돕기 위해 어떤 일을 할 수 있다는 것을 안다면, 그들은 쉴 수 없을 것이다. …그들이 쉬는 시간에도 쉼을 얻을 수 없을 것이다(『헌장』 5).

데레사 자신은 그 이후로 거의 고독을 누리지 못했다. 그녀는 산 채로 사람들에게 잡아 먹혔으며 업무로 지쳐 있었다. 그녀의 수도원의 삶의 방식을 살펴보면, 우리는 고독 속에 사는 것, 홀로 계신 분과 함께 혼자 있는 것이 무엇을 말하는지에 대한 생각들을 얻게 될 것이다. 고독은 마음의 정화로 향하는 것이고, 세속적인 것과 본성적 욕망과 야망에 초연해지는 것이다. 그녀는 그렇게 했으리라고 생각될 수 있는 은둔적인 조직을 설립하지 않았다. 대신에 은둔적인 요소가 있는 공동체를 설립했으나 그녀는 전적으로 은둔자의 정신을 가지고 있었다. 그곳의 수녀들은 '단순히 수녀가 아니라 은둔자들'이라고 불렸고, 모든 것에 초연했으며, 전적으로 하나님께 노출되었다. 하나님께 노출되기 위해서는 성숙하고 정화되어야 한다는 것을 데레사는 깨달았다. 이것을 위해선 다른 사람들이 절대적으로 필요하다. 타인과 함께 사는 것을 배우는 것보다 더 좋은 정화의 수단은 없다. 이것은 계속적인 희생을 요구하며, 우리 안의 나쁜 것을 보게 하고 이것을 극복할 기회를 제공한다. 이것은 실재와 전적으로 계속해서 접촉하게 한다. 실제 상황에서 실제 사람들을 감당해냄으로써 성숙해지도록 돕는다. 우리는 육체적인 고독 속에 살지만, 하나님이 아니라 사람에게 노출되어질 수 있다. 우리는 여전히 이기적인 것에 몰두할 수 있고, 우리의 흠을 보지 못하며 지적으로 감정적으로 성장하지 않을 수 있다. 궁금한 것은, 우리에게 타인이 절대로 필요하다는 점을 고려한다면 스스로 주도적으로 은둔자적 소명을 선택하는 것이 허락될까? 의도적으로 인간적인 성장과 영적 성장에 필요한 수단 없이 지내는 동안, 하나님께서 놀라운 것을 제공하실 거라고 기대하는 것은 주제 넘는 일이다. 옛날식 표현으로는 '하나님을 시험하는 것' 일 수도 있다. 완전한 은둔자적 삶으로의 부름은 필연적으로 매우 드물 것이다. 내 의견으로는 어떤 면에서 우리가 선택할 수 있는 일이 아니라 강요되는 일임이 틀림없다. 우리 중의 누가 감히 개인적인 수준에서 충분히 정화되고 성숙하기 때문에 다른 사람들 없이 생활할 수 있다고 할 수 있겠는가?

우리는 오늘날 은둔자에 대한 소명이 부활하고 있다는 것을 듣는다. 나는 지금 다른 사람들의 지지와 안내가 있는 반$_{semi}$-은둔적 형태를 언급하고 있는 것이 아니다. 그러나 여기에서도 현실도피를 조심해야 하고, 자신이 매우 특별하며 엘리트임을 느끼려는 욕망을 주의해야 한다. 내가 해왔던 은둔주의 혹은 반$_{semi}$-은둔주의 안에 있는 가장 당혹스러운 요소 중 하나는 방해받지 않는 기도시간이 실제로는 얼마 되지 않는다는 사실이다. 물러남의 이유, 즉 물러나는 것에 대한 유일한 합리화는 하루에 많은 시간을 기도에 보낼 수 있다는 것이다. 이것은 언급할 만한 가치가 있는 말인데, 기도가 더 깊어질수록 더 실제적이 되며, 더 진실하게 기도 안에서 하나님께 노출될수록 기도에 많은 시간을 보내는 것이 가능하지 않게 된다. 이것은 말 그대로 불가능한 일이다. 만약 가능하다면 이것은 파괴적일 것이다. 하나님의 압박은 너무 크다. 내 견해로는 '라이트 온'이고 이미 성화된 사람만이 순수한 은둔자적 삶에 적합하다. 그렇다 하더라도 여전히 보호수단과 사회적 접촉은 필요하다.

만약 어떤 종류의 호의에 대해서도 지나치게 의의를 두어서는 안

된다는 점을 기억해야 한다면, 고통에 관해서도 같은 마음이어야 한다. 우리는 고통이 권위를 준다고 느끼며, 그것이 진보하고 있다는 표시이고, 특별히 하나님께 가까이 가며 '선택받은 영혼'의 표시라고 생각하기 때문에, 실제로는 쓸데없이 많은 고통을 야기할 수 있다. 고통에 그러한 가치를 두는 것은 잘못이다. 언제 어느 때든지 가장 중요한 것은 하나님께 굳게 결합하는 것이며, 어떤 희생이 있더라도 그분의 뜻을 행하려는 확고한 결단이다. 만약 고통이 가치 있다면, 그것은 고통이 그와 같은 사랑의 행동을 하게 할 때이다. 고통 자체로는 우리를 거룩하게 만들지 못한다. 여기에서 고려하고 있는 내적 고통에 관해서, 이것을 다루는 유일한 방법은 고통을 거절하는 것, 이것으로 인한 고통을 거부하는 것이다. 이러한 내면의 고통이 없는 편이 훨씬 낫다. 만약 뜻대로 고통을 제거할 수 없다면, 꾸준히 자신을 들어 올려 고통 밖으로 나가 진리와 사랑의 참된 세상 속으로 가게 하는 데에 그것을 이용할 수 있다. 이런 종류의 내적 고통은 허구이다. 이것은 어떤 실체도 없다. 실재는 부활하신 예수님의 생명이고 세상이다. 그곳에는 완전한 안전과 기쁨이 있고, 모든 것이 좋고 모든 것이 좋아질 것이다. 그곳이 우리가 살아야 할 곳이다. 느낌이라는 안쓰러운 주관적 상태에서 인생을 우리가 좋아하는 대로 평가하면서, 실재가 아닌 느끼는 대로의 세상에서 살아선 안 된다. 많은 사람들과 우리 모두를 위해서, 복종과 자아가 죽는 것이 정확히 그곳에 있다. 우리는 이것을 충분히 이해하지 못하고 있다. 자기학대, 고통의 극화는 모두 다 인생의 역경을 참는 데 있어서 대범함이 부족한 것과 같은 일반적인 장애물이다.

　데레사는 오랜 세월 동안 극심한 신체적 질환으로 인해 고통스러웠다는 것을 인정한다. 고통이 없는 날이 거의 없었으며 때로는 참을 수가 없었다. 그녀는 이 고통보다 순교의 고통을 더 바랐을 것이다. 그녀는 이 고통을 주신 분이 하나님이시라고 생각했다. 이러한 육체적 고통과 그녀의 심리적 본성 사이에는 분명히 연결점이 있다. 그녀는 육체적 고통과 기도의 은혜 사이를 연결하는 고리를 보게 되었다. 복종하기 이전의 시기들을 보면, 내적 갈등은 큰 인내로 참아낸 극심한 고통 안에서 자신을 드러냈다. 극심한 육체적 고통과 그것을 인내함으로써 기꺼이 받아들이는 것이 그녀가 하지 못했던 복종의 대체물인 것 같았다. 부패했고 무력함을 느끼게 만드는 날카롭고 오래된 고통의 절망적인 상태는 포기와 신뢰를 위한 또 다른 영역이었다. 하나님을 진정 사랑하고 진정 원하는 사람에게 모든 것이 좋게 작용한다. 그녀의 육체적 질병들 중 대부분은 심리적인 것에서 비롯되었음이 틀림없다. '라이트 온' 경험이 육체적 연약함으로 이어지는 경향이 있음을 이미 언급했다. 하나님을 경험하는 자연적인 방법은 아니기에 그 중압감은 대단한 것이었다.

　'라이트 온'에 익숙한 사람은 확실히 그것이 주는 애매한 상태로 인해 고통 받는다. 그와 같이, 정신적 반응에 익숙한 사람은 이런저런 이유로 그것이 일어나지 않을 때 절망을 느낀다. 데레사는 메마름의 상태를 항상 그렇듯 격앙된 어조로 묘사한다. 반면에, 메마름이 매일의 양식과 같은 사람들은 그렇게 느끼지 않는다. 그렇다고 해서 단지 메마름을 참고 견뎌서는 안 된다. 믿음과 신뢰가 성장하고 자아를 경시할 수 있도록 메마름의 상태를 사용해야 한다. 메마름 속에서 오랜 시간을 살다가 사랑과 확신으로 이것을 받아들이게 되면 철저한 자기 비움을 가져오게 된다. 이것이 순전한 사랑이다. 6궁방에 있는 사람에게 그들이 '라이트 온'이든 '라이트 오프'이든 관계없이 하나님께서 매우 가까이 계시며 자신을 정화시키고 변화시키기 때문에 깊은 고통이 있다. 비-신비적non-mystical 고난이 문제 될 때에도 위의 충고가 유효하다. 우리는 이것으로부터 오는 고통을 거부해야 한다. 계속해서 진보함으로써 빛과 안전과 기쁨의 세상으로 도약해야 한다.

이제 다음 장들에서 다루는 호의에 관해서 데레사가 무엇을 말하고 있는지 보도록 하겠다. 아마도 이 모든 것에 대해서 말할 수 있는 것 ('영향력은 매우 섬세하고 미묘해서 마음 속 깊은 곳으로부터 나와 불타오르게 합니다(2장),' 배우자가 임재하고 있다는 것에 대한 어떠한 인식(2장), 황홀경(4장), 영의 날아다님(5장), 환희의 기도(6장), 지성적 현시/지적 보임(8장), 사랑의 맹렬한 황홀(11장)을 불러일으킨다)은 그것들의 기반은 신적인 사랑의 깊은 포옹이며, 실제로는 '라이트 온' 능력을 가져야만 '본다'는 것이다. 데레사의 매우 예민한 정신은 이런저런 방식으로 반응한다. 그녀는 종종 무의식적으로 내적 은혜를 극화한다. 예를 들면 황홀경rapture이 그런 경우이다. 6궁방의 진정한 정수는 황홀경인데, 이것은 자신에게서 자아를 비틀어 뽑아버리는 것이다. 각각의 신비로운 만남은, 그것이 보이든지 보이지 않든지 관계없이, 사랑과 열망이 너무 강렬해서 자아가 완전히 자신을 승복할 때까지 영향을 미친다. 데레사가 황홀이라고 묘사하고 있는 심리적 현상은 이 같은 내면의 사건을 수행한다. 우리에게 이것이 가치 없는 것은 아니다. 이것은 하나님이 하시는 일을 이해할 수 있도록 돕는다. 동시에 이 하찮은 드라마가 그 자체로는 그리고 영적인 의미에서는 중요하지 않다는 것을 분명히 해야 한다. 중요한 것은 비밀스럽게 일어난 실제적인 복종surrender이다. '하나님의 뜻은 영혼에게 다음과 같은 사항, 즉 영혼이 매우 자주 그리고 무조건적으로 자신을 그분의 손안에 놓아두었고 기꺼이 자신을 그분께 내어드렸기 때문에, 영혼은 더 이상 자신이 주인이 아니라는 사실을 깨달아야 한다는 것을 보여주려는 것 같습니다.' 데레사는 황홀경을 겪기 위해서 얼마나 많은 용기, 믿음, 확신, 단념이 필요한지를 언급한다. 황홀경에 대해 중요한 것은, 하나님 안에서 살기 위해 자신으로부터 벗어나도록 허락하는 것이다. 이것이 황홀경이 의미하는 바이다. 데레사가 묘사한 현상인 황홀경, 영의 날아다님은 진정한 신비적 영역 안에서만 일어나는 것이 아니다. 이러한 일은 완전히 세속적이며, 인간적이고, 심지어 악한 상황 속에서도 일어날 수 있는 것이라는 걸 우리는 듣거나 책에서 읽어 볼 수 있다.

콜린 윌슨Colin Wilson의 책인 『미스테리』에서 인용한 글은 우리의 맥락에서도 큰 의미를 갖는다. 왜냐하면 데레사가 가장 숭고한 경험으로 여긴 영의 날아다님이 현대 요가수행자에 대한 묘사와 매우 닮았기 때문이다.

깊이 집중하는 주문을 하는 동안, 갑자기 척추 맨 아래 부분인 의자와 접촉하는 곳에서 이상한 감각이 느껴졌다. 나는 강력하게 이 느낌에 끌려갔는데, 이 느낌은 아주 기이했으며 기분이 좋았다. 나의 집중이 갑자기 그 지점으로부터 물러나자 그 느낌은 바로 멈추었다. …완전하게 몰두했을 때 나는 다시 경험하게 되었는데, 이번에는 몰두했던 지점으로부터 내 정신이 떠나는 것을 허락하는 대신, 집중을 계속 유지했다. 이 느낌은 다시 상승하여 연장되었고, 강렬함이 커져 갔다. 나는 나 자신이 흔들리고 있다는 것을 알게 되었다. 그러나 많은 노력으로 연꽃의 중심에 집중했다. 갑자기 폭포와 같은 큰소리와 함께 척추를 통해 나의 머리로 들어오는 투명한 빛의 흐름을 느꼈다. …조명은 더 밝아졌고 소리는 더욱 커졌다. 나는 흔들리는 느낌을 경험했다. 그리고 나 자신이 몸으로부터 완전히 빠져나와 빛의 후광으로 완전히 둘러싸이는 것을 느꼈다. …나는 의식의 정점을 느꼈다. 빛의 흔들림에 의해 둘러싸여 확장되었다. 점점 확장되고 펼쳐졌는데, 그러는 동안 지각의 즉각적인 대상인 몸이 점점 멀어져가는 것처럼 보였고, 마침내는 이것에 대해 완전히 의식하지 않게 되었다. 이제 나는 어떤 윤곽도 없이 의식하게 되었고 빛의 바다에 몰두되었으며, 동시에 모든 지점을 의식하고 자각하게 되었다. 말하자면 어떤 물질적인 가로막음의 장막 없이 모든 방향으로 확장된 것이다. 나는 더 이상 나 자신이 아니었다. 더 정확하게는 내가 알던 나 자신이 아니었다. 그 대신에 어마어마하게 큰 의식의 원이었다. 몸이 그 안에 있었으나 단지 한

점이었다. 빛에 잠겼으며, 묘사 불가능한 고양exaltation과 행복의 상태에 빠졌다.

또 다른 비슷한 경험이 있다.

처음에, 척추에서 마치 무엇이 올라오는 것 같은 묘사하기 어려운 느낌이 있었다. …몸이 가벼워지는 느낌, 안녕과 힘쓸 필요가 없는effortlessness 아주 특별한 느낌이 동반되었다. …이것은 또한 왜 그런지 모르겠지만, 몸의 아랫부분 보다는 더 윗부분에서 살고 있는 느낌이었다.

요가수행자는 챠크라 즉 파워-포인트에 대해 말하고 있다. 하나님을 향한 갈망은 머리의 정수리에 있는 가장 높은 챠크라에 포함된다. 이 모든 것을 데레사는 경험을 통해 알았다. 그러나 그것이 가지는 물리적 본성을 이해하지 못했다는 것이 의아하지 않은가?

'경험들'은 지식으로 인해 무게감을 가지게 되는데, 이것이 데레사의 경험의 특징이다. 그래서 그 경험은 '하나님의 위대함에 관한 어떤 진리', '그분의 것이 됨으로써 얻게 된 왕국의 일부', '그녀는 많은 것을 즉시 배운다', '위대한 것들이 영혼에게 소개 된다' 등을 전해준다. 데레사는 이러한 내면적 내용들이 그러한 '경험'의 진정성의 분명한 증거 중 하나라고 확신했다. 만약 비어있어서 그 뒤에 아무것도 남기지 않는다면, 그것은 하나님으로부터 온 것이 아니라고 주장한다. 주목해야 할 가장 중요한 것은, 모든 신비적 만남은 하나님과의 직접적인 접촉이기 때문에 빛과 지식의 전달이다. 지적인 앎이나 신학적 지식이 아니라 거룩한 삶으로 옮겨지는 살아있는 지식이다. 살아있는 지혜안에서 이러한 성장을 목격하지 못한다면, 신비적 현존에 관한 어떠한 척도도 가질 수 없다. 지식은 본질적으로 하나님을 기쁘시게 하기 위해서 어떻게 살아가야 하는가에 관한 지식이며, 그분께서 자신을 드러내실 때 알아볼 수 있는 능력이다. 즉 그분의 길에 관한 지식이다. 마찬가지로 그분의 거룩함, 사랑, 아름다움에 대한 지식이다. 의식적 수준의 자아에게는 비밀이지만, 그 지식은 자아에게 추한 죄성에 빠진 자신을 보게 해주며 생생하게 그것을 인식하게 한다. 이것은 큰 고통을 야기한다. 데레사는 이것을 여러 번 6궁방에서 언급했다. 즉 배은망덕에 따른 혼란, 대범함의 결핍, 자신에 대한 커져가는 경멸, 그리고 자신이 모든 것 중에서 가장 작은 자인 것에 대한 자각 등이다. 이러한 성장하는 자기 인식과 겸손 말고는 신비적인 것에 관한 증거가 없다.

'라이트 온'의 경우, 앞에서 말한 대로 비록 '라이트 온' 그 자체는 정형화할 수 없지만, 지식의 주입은 더욱 경험적이다(데레사는 몇몇 경험에 대해서는 거의 어떤 것도 말할 수 없다는 점을 강조한다). 그러나 '라이트 온'은 특별한 정보들에 기반해서 살펴볼 수 있다. 이것이 때때로 데레사가 언급한 것이다. 예를 들면 10장에서는 어떻게 모든 것이 하나님 안에서 보이는지 그리고 어떻게 하나님은 당신 안에 그 모두를 담고 있는지를 영혼에게 계시해준다. 다시 말하면,

매우 갑자기 그리고 묘사할 수 없는 방식으로, 하나님은 하나의 진리를 계시하실 것입니다. 그 진리는 그분 안에 있으며, 짙은 어둠처럼 보이는 피조물 안에서 진리를 발견하게 하실 것입니다. 그분만이 진실이고 거짓이 아님을 매우 분명하게 나타내실 것입니다.

그와 같은 결과들은 이러한 통찰력이 진정한 신비경험에 근원을 가지고 있다는 것을 증명한다.

진리 안에서, 하나님과 인간의 현존 안에서, 우리에게 가능한 모든 길 안에서 걸어야 합니다. 특히 실제 모습보다 좀 더 낫게 여겨지기를 원해서는 안 됩니다. 모든 면에서 하나님의 것은 하나님의 것으로 여기고 우리 자신의 것은 우리 자신의 것으로 여겨야 하며, 모든 것 안에서 진리를 추구해야 합니다.

그녀의 딸들은 말과 행동 안에서 그녀의 진리에 대한 관심을 보게 되었는데, 이것이 그들에게 깊은 감동을 주었다. 우리도 그녀의 겸손을 보게 된다. 이 겸손은 아마 그녀에 관한 것들 중 가장 뛰어난 것으로, 빛에 가까이 간 것에 그리고 그분의 특별한 현현에서 비롯된 겸손이다.

적어도 영적 문제에 대한 위대한 통찰, 실재에 대한 선명한 직관은 진정한 신비경험의 표지인 것 같지만, 실제는 그렇지 않다. 진리 자체에 관한 지적인 환상과 어떻게 만물이 하나님 안에 있는가에 관한 데레사의 묘사 안에는 울림이 있다. 우리는 명석한 정신과 잘 발달된 감각으로 인해 얻어지는 산물인 통찰력에 관한 예를 인용할 수 있다. 그것은 '예민한 사람들'에게는 드문 일이 아니다. 그와 같이, 신학자들과 성서 주석가들에게서도 우리를 압도하는 깊은 진리에 관한 통찰을 만날 수 있다. 다시 말하지만, 이러한 것이 하나님과의 친밀한 연합을 가리키지는 않는다. 데레사 자신도 이것을 알고 있었다. 그녀는 학식이 있는 사람들을 찾아갔다. 그녀도 말하듯이 그들이 '영적'이지 않다는 것을 잘 알고 있었지만 그들의 통찰력을 사용했다. 삶의 거룩함을 제외하고는 신비의 현존을 평가할 어떤 기준도 없다. 그럼에도 불구하고 신비가만이 알 수 있는 지식, 지혜, 통찰 등이 있다. 만약 이것을 표현하더라도, 단지 다른 사람들이 사용하는 개념으로만 표현될 것이다. 차이는 그것의 '생생함' livingness, 그것이 그 인격에 충만한가에 있다. 다른 이들도 동일한 것을 말하지만, 신비가는 다른 이들이 모르는 방식으로 그것을 안다. 오직 또 다른 신비가만이 그 공명 resonances을 발견해서 이러한 하나님에 대한 살아있는 경험으로 들어갈 수 있다. 어떤 의미에서 지식, 경험이 그들 자신이다. 그것이 그들의 실재이며 자신의 존재의 구조이다. 신비가가 그것을 심지어 자신에게 표현할 수 있는가 없는가도 관계없다. 이것이 예수님께서 말씀하신 앎이다. '그날에 너희가 알게 될 것이다.' '내가 내 자신을 그에게 드러내겠다.' '그날에 내가 살아있으므로 너는 나를 볼 것이다. 그러면 너 또한 살 것이다.' 신비가는 예수님의 생명에 의지하며 살고 사랑의 친밀함 속에서 그분을 안다. 이 글 처음에 6궁방은 본질적으로 환상과 황홀의 장소라고 말한 것은 옳다.

  이 방은 또한 풍부한 영어들locutions이 있는데, 데레사는 정확하지 않아도 본질에 맞게 묘사한다. 우리는 여기서 그 누구도 말할 수 없는 비밀을 듣는다. 하나님은 우리의 가장 깊은 마음 안에서 말씀하신다. 이제 그의 말씀은 마음에 새겨진다. 그저 귀로 듣는 것이 아니며 지적으로 읽고 이해되는 것도 아니다. 데레사는 영어 현상을 논의하는데 많은 시간을 보낸다. 그녀는 이것이 기도를 많이 하는 사람에게 공통적으로 일어나는 것임을 주장한다. 그녀는 하나님, 우리의 상상, 악마, 이 세 가지 가능한 근원을 식별한다. 우리가 이 주제에 오랜 시간을 쓸 필요는 없다. 환상에 대해 말한 것이 대부분 영어에도 적용된다. 더 정확히 말하자면, 그것이 보다 의식적인 우리의 바람의 열매이건 아니건 간에, 하나님은 이러한 본능적 현상natural phenomenon을 사용하신다. 의식적 바람에는 두 가지가 있는데, 우리가 다소간 의식적으로 자신에게 대답한 것 또는 무의식으로부터 일어난 것이 있다. 데레사는 무의식으로부터 일어난 것이 하나님으로부터 직접 온 것이라고 오해한다. 무의식적인 것은, 데레사가 말한 것과 같이 대단히 권위가 있다는 인상을 유발할 수 있다. 그것은 또한 다소 신비한 방식으로 어떤 일이 일어날지 실제로 예견할 수도 있다. 얼마나 대단한 신적 근원에 대한 증거인가! (우리가 목격한 것이지만, 데레사는 재치 있게 하나님께서 그녀에게 일어날 것이라고 이야기하셨으나 실제로는 일어나지 않은 것에 대해선 생략한다.) 무의식에 대해 전혀 알지 못하는 사람에게, 그것은 아주 특별하고 초자연적인 사건임에 틀림없다.

> 영혼은 무엇을 듣고 있는지를 생각하지 않습니다. 그 소리가 별안간 왔다는 뜻입니다. …종종 그 소리는 우리가 일어나리라고 생각하지 않았던 것들과 관련됩니다. 그래서 상상은 그것들을 만들어내지 못합니다. 영혼은 자신이 바라고 열망하지 않았던 것에 대해서는 기만 당할 수 없습니다. 또한 인식하지 못했던 것에 대해서도 마찬가지입니다.

잠시 데레사의 당시 상황과 수녀들의 상황으로 들어가 보자. 수녀 중 많은 사람이 글을 알지 못했던 것 같다. 상대적으로 데레사는 학식이 있었지만, 그녀나 혹은 다른 수녀들이 건전한 신학적 교육을 받을 기회가 있었을까? 성서에 관한 지식을 가질 기회가 있었을까? 모국어 성서를 사용할 수가 없었다. 영양공급을 위해 매일 우리 앞에 펼쳐진 거룩한 성서의 식탁이라 할 수 있는 예배의식은 그들이 이해할 수 없는 언어로 되어 있었다. 데레사가 성서로부터 인용한 구절들은 자주 그녀가 읽은 모국어로 된 기도에 관한 경건서적에서 인용한 것으로 보인다. 게다가 몇몇 기도에 관한 책들은 그들에게 금지되어 있었다. 이 가엾은 여성들은 어디서 그들의 영적 삶을 위한 영양분을 찾을 수 있었을까? 대체로 설교, '학식 있는 사람'과의 담화, 고해 신부의 지도로부터였다. 그래서 데레사는 늘 수녀들이 여러 다양한 신부들과 상담할 자유가 있어야 하며, 그 상담자들은 반드시 학식 있는 사람이

어야 한다는 것에 대한 열망을 가지고 있었다. 그녀는 열정적으로 학식 있는 사람을 구했다. 하나님을 향한 열망으로 굶주린 여성들이 확신을 갈망하고, 알기를 갈망하며, 계시를 원하고, 하나님의 사랑과 돌봄의 증표인 영어를 원했다는 것은 놀라운 일이 아니다. 권위의 확실한 증표인 환상과 영어가 허락되었다는 것이 그들에게는 어떠한 의미였겠는가! 위안과 확신이 있었을 것이다! 그런 정황 속에서도 데레사가 끊임없이 그것에 기대지 말고 그것 안에서 완전한 보증을 구하지 말 것을 강조한 것을 보면, 이것은 그녀의 마음의 완전한 순수성과 포기를 잘 보여주는 부분인 것이다. 정말 중요한 것은 미덕의 성장이다. 만약 이 원칙이 굳게 지켜진다면, 그러한 '호의'가 아무리 많은들 무슨 문제란 말인가! 그것이 상상의 산물이라 할지라도, 만약 하나님을 더욱 사랑하는 것을 돕는다면 그리고 하나님 안에서 위로를 발견하는 것을 돕는다면, 또한 그것이 우리의 보잘 것 없음을 더욱 깨닫게 해준다면 왜 감사하지 않겠는가? 왜 걱정하겠는가? 여기에 그녀의 실제적인 충고가 있다.

영혼이 받은 호의가 많을수록 영혼이 자신을 공경하는 것은 단연코 적어집니다. 더욱 예리하게 죄를 기억하고, 더욱 자기 자신에 대한 관심사를 잊고, 자신의 유익에 마음을 쓰는 대신 아무것도 구하지 않고 오직 하나님의 영광만을 구하려는 의지와 기억이 더욱 열렬해지며, 하나님의 뜻으로부터 조금이라도 벗어나는 것에 대한 두려움은 더욱 커집니다.

이러한 자기 경시disregard of self의 성장은 6궁방의 가장 분명한 특징이며, 하나님을 향한 열정적이고 극단적인 사랑의 또 다른 면이다.

이제 우리가 처한 상황을 생각해 보자. 날마다 우리는 예배에서, 성무일과에서 하나님의 말씀을 먹는다. 우리는 원하는 대로 성서의 자국어 번역본을 사용할 수 있다. 더군다나, 어려움이 생기면 탐구할 수 있는 성서학자들의 보고를 가지고 있다. 진리로 그리고 예수님 안에 있는 하나님에 관한 지식으로 우리를 부요하게 해주는 많은 수단들이 있다. 데레사와 그녀의 동역자들을 지탱했던 그러한 확신과 계시를 원하는 것은 분명 경솔한 일일 것이다. 그러한 욕망은 게으름에서 비롯된 것일 수 있다. 우리는 이러한 앎을 구하기 위해 힘들이길 원하지 않으며, 오히려 노동 없이 이러한 것들을 얻고 싶어 한다. 이것은 아마 우리가 원하는 것이 하나님이 아니고 그저 매우 특별한 것을 느끼려는 열망이었다는 것을 의미할 것이다. 마음만 먹는다면 우리는 성서나 성례전에서 모든 확신을 가질 수 있다. 우리가 허락한다면 이 천둥과 같은 소리, 즉 하나님은 우리를 사랑하시며, 그분은 우리를 위해 모든 일을 하시고, 그리스도께서 나의 것이기 때문에 모든 것은 나의 것이며 모든 것이 나를 위해 있다는 것 등이 우리 귀와 마음에 울려 퍼질 것이다. 그러나 전혀 그렇지 않다. 그렇지 않은 것이 일반적이며 모든 사람들이 그러하다. 나는 특별한 말, 특별한 음식, 일반적이지 않은 식사를 원한다. 모두의 마음에 도사리고 있는 그러한 이기적인 욕구가 설령 다른 방법으로 나타난다고 해도, 만일 우리가 하나님께 연합되고자 한다면 완전히 없어져야 한다. 자기 경시, 완전한 자기 경시는 하나님과의 연합의 또 다른 측면이다. 우리는 진정한 삶을 살기 위해서는 죽어야만 한다. 반면에 우리 중에 심리적인 위장을 했더라도 이런저런 심리적 경험 속에서 진정한 영적인 생명의 싹을 가진 사람들도 있다. 만일 심리적 경험이 하나님으로부터 온 것이 아니라 우리로부터 온 것이라는 걸 깨닫는다면, 그 밖의 모든 것으로부터 유익을 얻을 수 있듯이 그것들로부터 유익을 얻지 말아야 할 이유는 없다.

우리의 상황에서는 또한 영적 지도에 대한 의존을 거의 필요로 하지 않는다. 이것은 해로울 수 있다. 그것은 힘든 일의 회피일 수 있으며 책임의 회피일 수 있다. 또한 '평범한 그리스도인'이 아닌 특별한 자가 되고자 하는 갈망일 수 있다. 아마 우리는 영적 숭배자를 원할 것이다. 즉 '드문 영혼의 소유자'. '관상가'처럼 우리가 가지고 싶어 하는 이미지를 우리에게 되비쳐주는 소위 아첨하는 거울을 원할 것이다. 우리는 기도하는 방법, 우리 기도의 가치에 대한 재확신을 원한다. 그런데 이것을 결코 가질 수 없다. 그 기도를 평가할 방법이 전혀 없기 때문에 아무도 우리에게 확신을 줄 수 없다. 즉 그것에 관해 해주는 말은 전혀 중요하지 않다는 것이다. 아무리 최선을 다하더라도 가장 훌륭한 지도자도 말해진 것과 쓰여진 것을 잘못 해석할 수 있으며, 득 보다는 해를 끼칠 수 있다. 지도의 가장 훌륭한 방식, 우리가 필요로 하는 단 한 가지 방식(나는 특별히 우리의 기도 방법에 대해 언급하고 있다)은 함께 사는 사람들의 의견이다. 그들의 말에 귀를 기울이고 우리의 삶에 관한 평가를 듣자. 여기에 우리가 찾는 유일한 답이 있다. 우리의 팬이 아니라 우리가 믿을 수 있는 객관적인 사람, 심지어 우리를 싫어하는 사람에게 그렇게 하자. 그들은 대개 우리의 약점과 이기심을 지적할 수 있다. 그리고 이들은 우리의 기도의 본질에 관해 알려 줄 것이다.

우리는 아직도 6궁방 7장에 관한 논의를 하지 않았다. 마땅히 받아야 할 중요성을 주기 위해 의도적으로 끝에 남겨 두었다. 데레사는 자신이 설정한 단계를 다루는데 있어서 결코 일관되지 않다. 하나의 생각 다음에 또 다른 생각을 제안하고, 주저 없이 순서에 상관없이 유용한 것들은 무엇이든지 다룬다. 그러므로 그녀가 6궁방에 관해 쓴 많은 부분들은 이 단계에만 적용되는 것이 아니라 앞의 궁방들에도 적용된다. 특별히 7장이 그렇다. 밀접히 관련된 두 가지 점이 있다. 이것은 '천사주의'에 대한 경고와 영적 삶에 있어서 예수 그리스도의 '거룩한 인성' Sacred Humanity의 긴요한 역할에 대한 강조이다.

얼마간의 진보를 이뤄서 약간의 신비 은혜를 받은 것으로 보이는 사람들에 대하여 다소 일반적인 이야기를 하면서, 데레사는 이것으로 인한 결과 중 하나가 추리적 묵상이 불가능해진다는 점에 주목한다. 그녀는 이 같은 어려움의 유용성을 인정한다. 그러나 이것이 모든 형태의 묵상을 배제한다는 것에는 강력히 반대한다. 우리는 그녀가 활동했던 당시, 이냐시오 영성이 막대한 영향력을 주고 있었음을 기억해야 한다. 그녀 자신이 예수회에서 지도를 받았고 기도의 삶에 큰 도움을 받았음을 인정한다. 이때는 확실히 이냐시오의 묵상 형식을 잘 이해하였으며, 나중에 생긴 오해로 인한 곤란함을 겪지 않았다. 분명히 그녀를 지도하면서, 예수회 수사들은 묵상의 방법에 관해 큰 유연성을 보여주었을 것이다. 초보수녀를 위한 데레사의 기도 교습 방법은 바로 이 지도에 영향을 받았다. 이전에도 그랬듯이 여기서도 인간은 더 이상 우리의 지성mind을 사용하지 않고, 마음만 먹으면 형식이 없는 높은 기도로 올라갈 수 있는 '영성'의 지점에 도달할 수 있다는 점에는 의문이 없다고 주장한다. 그러나 그녀가 말했듯이, 우리는 인간이지 천사가 아니다. 데레사의 시대에 이 문제에 관해 상당한 논란이 있었던 것으로 보인다. 이것이 단지 그녀의 시대에만 해당되는 일이었을까? 끊이지 않는 욕망은 아닌가? 이것은 인간과 교만과 연결된다. 은밀히 우리는 육체가 아닌 '영혼'이 되기를 원한다. 그리고 영성에서의 진보란, 모든 것이 지금과는 매우 다른 어떤 '영적인' 세계에서 사는 것을 의미한다고 상상한다. 우리의 내적 경험은 분명히 미운 오리새끼에서 우아한 백조로의 변화를 겪어야 한다고 상상한다. 만약 이따금 우리가 매혹적인 어떤 새로운 맛의 경험을 한다면(이 얼마나 좋은가), 이것을 다시 얻기를 갈망할 것이다. 우리는 이것이야말로 진짜라고 느낀다. 비록 잘 교육받은 우리의 정신이 다르게 이야기할지라도, 영적 삶이 바로 이런 것이라고 여긴다. 이 느낌을 영구적인 상태로 굳히고 싶어 한다. 그러나 이 잔치가 진정한 의미에서 영적이라는 보장이 없고, 어쨌든 이것을 다시 받기를 탐하는 것은 이기적인 것이다.

우리는 이 생각을 머릿속에 집어넣는다. 많은 책들은, 생각과 반추를 포기하는 것, 즉 '그것을 할 수 없다'고 말하는 것이 더 앞서 나간 것이고 더욱 영적인 것이라고 부추기며, 하나님께서 행하시기를 기다리면서 빈 마음을 가지는 것이 훨씬 관상적이라고 조장한다. 데레사는 단호하다. 이것은 시간 낭비일 뿐이다. 게다가 인간이길 거부하는 것이며 교만이다. 이것에 관해 4궁방에서 이미 충분히 이야기했다. 10년 전 *Life*에서, 그녀는 같은 주장을 가지고 논의했는데, 분명히 그녀는 이것을 다른 무엇보다 더 중요한 것으로 보았고, 다른 의견을 말하는 사람을 믿지 말고 그녀를 믿도록 우리에게 간절히 요청하고 있다.

이런 문제는 자연적으로 우리 주님의 삶과 죽음에 대한 계속적인 반추의 필요로 이끈다. 다시 말하지만, 그분의 절대적이고 독특한 중재자직에 대한 정확한 신학적 지식이 있음에도 불구하고, 실제로는 우리 중의 많은 사람이 이것을 넘어 '하나님'을 직접 경험하고, 예수님을 더 이상 필요로 하지 않는 '순전한' 기도로 나아가야 한다는 은밀한 생각을 가지고 있다. 우리는, 그분을 보는 것이 곧 아버지를 보는 것이며, 그분을 아는 것이 아버지를 아는 것이고, 그분 안에 있는 것이 아버지 안에 있는 것이며, 우리는 아버지와 직접 연결되어 있지 않다는(만약 '직접'의 의미가 예수님 아닌 다른 수단을 말한다면) 예수님의 말씀에 담긴 의미를 보는데 실패하고 있다. 우리는 직접적인 연결이 있다고 생각하고 싶지만 그렇지 않다. '나를 통하지 않고서는 아무도 아버지에게 갈 자가 없다' 이것은 그분께 다가가기 위해 나를 사용해라 그리고 그분께 도달하면 더 이상 내가 필요 없다는 의미가 아니다. 너는 시간 속에서도 영원에서도 나를 통하지 않고서는 아버지와 접촉할 수 없다는 의미이다. 그러나 물론, 이것도 직접적인 접촉이다. 예수님께서 전달하신 것이 '순전하신 하나님'이고 오직 그분의 전달만이 '순전하신 하나님'이다. 우리가 신비적이고, 직접적이며, 매개가 필요 없는 하나님과의 접촉이라고 부르는 것이 바로 예수님이다. 그분은 하나님의 생생한 만짐이시다. 이 직접적인 접촉을 오직 예수 안에서만 갖는다. 그런데, 신비적 여정에서 앞서간 이는 이것을 안다. 데레사가 이들에게 예수님께서 모든 선함의 근원이 되심을 잊지 않도록 권고할 필요가 없다. 그분은 그들의 생명이 되시고, 그들은 이것을 안다. 그분은 그들의 기도이시고 그들의 하나님과의 연합이시다. 신비 상태로 들어가는 핵심적 은혜는 예수님께서 우리의 예수님이 되시는 것이다. 우리는 예수라는 깊이를 알 수 없는 동굴 속으로 더듬으며 들어가기를 시작한다. 이전에는 그분을 전혀 알지 못했음을 자각하게 된다. 우리는 그분의 관점에서 삶, 실재, 모든 것을 본다. 그분의 삶이 은밀하게 우리의 의식을 피해가면서 우리의 것을 그분의 것으로 대체시키기 때문에, 그분의 얼굴은 우리 의식 속에 항상 존재하게 된다. 우리는 예수님처럼 되어간다. 그분에 대해 모든 것을 알려고 하는 순전한 열망, 복음서 안에 있는 사랑스러운 그분의 얼굴을 찾으려는 열망이 있게 될 것이며, 그분을 더욱 찾게 될 것이다. 이해하는 것과 이해하고 있음을 아는 것은 우리가 감당할 수 있는 것 이상이지만, 더 중요한 것은 그분의 지혜가 우리가 볼 수 없는 깊이까지 스며든다는 것이다.

만약 6궁방이 환상의 방이라면, 이것은 본질적으로 자신 안에서 아버지를 계시하시고 우리를 아버지의 마음 안에 두게 하시는 예수님에 대한 환상이다. 만약 비밀스러운 말씀이 있다면, 그것은 성육신하신 말씀의 비밀이다. 만약 황홀이 있다면, 그것은 자신을 내어드려서 우리를 하나님께로 올려주도록 복종하신 그분이다. 예수님은 복종surrender이시다. 그분께서 우리에게 보여 주신 것, 우리가 할 수 있게 도와주신 것 역시 복종이다. 우리는 이생에서 다른 목적을 가지고 있지 않다. 이 같은 복종을 달성하는 것이 우리 본성의 완성이다. 사랑 안에서 우리 자신을 완전히 버릴 때에도 우리는 단지 인간일 뿐이다. 완성의 또 다른 측면(아버지의 응답)은 우리 소관이 아니다. 우리의 의향이 예수께서 그러셨던 것처럼 대가와 관계없이 복종되어져야 한다. 우리는 예수님께서 아버지의 사랑으로 인한 궁극적인 완성이셨음을 절대적으로 확신한다. 그분은 아버지를 신뢰하셨다. 그분은 완성의 모습을 보려고 미래를 응시하지 않으셨다. 그분은 사랑에 몹시 몰두되어 계셨기 때문에 복종이라는 현재의 과업 너머의 것을 보려 하지 않으셨다. 6궁방에서 예수님은 우리 안에서 자신의 복종을 이루셔서, 우리를 모든 자기-유익에서 떨어지게 하시고 그분의 사랑을 우리의 것으로 만드신다. 이것은 그분의 죽음에 대한 심오한 공유sharing이다. 그런데 이 죽음은 단지 생명의 뒷면일 뿐이다. 포괄적인 용어로는 길, 진리와 생명이다. 그분은 단지 우리를 위한 모든 것이 되신다. 그러나 주목할 것은, 이러한 말들은 부활하신 주님의 입이 아니라 지독한 수난 직전에 이 땅에서 예수님의 입술에 놓여 있었던 말이다. 요한복음이 보여주고 있듯이, 근심스러워하고, 혼란스러워하며, 눈물이 넘치시는 분이셨다. 그분은 정확히 인간의 공허함과 불완전함의 무게를 경험한 '불쌍한 자'로서, 그 길이 되셨다. 마찬가지로 그분은 진리이시고 또한 생명이시다. 그런데 우리는 우리를 위해서 분명히 무언가 다를 것이라고 상상한다! 우리가 가진 대부분의 걱정은 바로 이 실수에서 기인한다. 우리는 이 '불쌍한' 경험을 수용할 수 없으며, 그것에 행복해하지 않고 만족해하지 않는다. 사랑으로 품어진 이것이 하나님과의 연합임을 보지 못한다. 연합이란 언제나 하나님의 마음 안에 계시는 그 길the Way 안에 거하는 것이다.

6궁방을 닫으면서, 우리는 사로잡히고 매료당한 피조물, 갈망으로 인해 피폐해지고, 어떤 것도 만족을 줄 수 없는 굶주림으로 텅 비어 있는 피조물을 남겨둔다. 하나님은 그녀의 능력을 제한 없는 깊이까지 확장시키셨지만 그것은 여전히 채워지지 않았다. 그녀는 지금도 여전히 불완전하다. 그녀의 어떠한 노력도 자신으로부터 나와 하나님께로 들어가게 하는 황홀rapture의 마지막 행위에 영향을 줄 수 없다. 데레사가 말한 것처럼 그녀는 매달려 있다suspended. 오직 이것이 달성될 때까지 의미 없이 매달려 있을 뿐이다. 이것은 전적인 의존을 완전히 받아들이는 것이며, 하나님께서 하실 것이라는 것에 관한 전적인 신뢰를 갖는 것이다. 그리고 이것을 통해 하나님은 곧 그녀를 먹잇감을 낚아채듯 강하게 낚아채 가실 것이다.

제7궁방

　7궁방에 대한 데레사의 글은 당황스러울 만큼 평범하고, 어떤 의미에서는 김빠지는 결말로 끝이 난다. 데레사가 지친 것일까? 자신의 글에 흥미를 잃었기 때문에 서둘러서 마무리한 것일까? 7궁방의 장들은 그녀의 작품에서 나타나던 열정과 활력이 부족해 보이는데, 그 이유는 단지 7궁방에 대해 말할 수 있는 것이 없기 때문이다. 7궁방에 들어가면 인간의 말이 의미 없는 세상에 있게 된다. 데레사는 이것을 본능적으로 느낀다. 그녀는 무언가를 말해야 할 것 같아서 펜을 들어 단어들을 더듬어 찾는다. 하지만 곧 자신이 한 말들은 진부하고 쓸모없다는 사실을 깨닫는다. 또 다시 시도한다. 이리저리 헤매지만 아무 성과가 없다. 여기에 지금까지 말하지 않은 것이 없다. 그런데 데레사는 지금 말하고 있는 것이 전에 말했던 것과 전혀 다르다는 사실을 알고 있었다. 그러나 그녀가 무엇을 해야 하나? 무엇을 말할 수 있을까? 말하는 것에 어떤 핵심이 있는가? 우리의 임무는 데레사의 작품을 자세히 설명하는 것이므로 그녀의 걸음을 따라 가면서 그녀가 했던 것과 마찬가지로 더듬거려야 한다. 그러나 어리석은 자가 되지 않으려면 이것은 전혀 무익한 것이라는 생각을 또한 항상 가지고 있어야 한다.

'그리스도께서 나타나시면 우리도 그와 같이 될 것임을 압니다. 그때에 우리는 그를 참 모습 그대로 뵙게 될 것이기 때문입니다(요한일서 3:2)' 7궁방은 예수님을 이렇게 바라본다. 이것은 지적인 통찰이 아니라 변화시키는 연합transforming union이다. 7궁방은 예수님을 이렇게 바라보는 것이다. 그분이 우리 안에 거하시고 우리는 그분 안에 거하게 된다. 이것은 완전한 결혼이다. 이 결혼 이후에 관한 것에 대해 정말로 말할 것이 없다. '고요하고 조용한 상태에서 주님은 영혼을 가르치시고 그분과 영혼은 가장 깊은 침묵 안에서 서로의 결실을 얻습니다.' 묘사할 수 있다는 것은 자아self가 있기 때문이다. 자아가 보고 이해하고 느끼며 행하는 것을 묘사한다. 하지만 여기서 자아가 상실되기 때문에 말할 수 있는 것이 없다. 그래도 데레사가 쓴 본문으로 돌아가서 그녀를 따라가 보자.

특별히 데레사는 자신과 우리에게 7궁방이 환상vision의 관점에서 어떤 것인지를 설명한다. 환상은 자신의 가장 깊은 경험을 표현하기 위한 매개물이다. 다른 것은 전혀 사용하지 않는다. 그녀는 지금 '하나님에 의해서 생명을 부여 받았으며' 그 생명으로 살고 있음을 확신한다. 이제 그분과의 친밀함은 다른 기능faculties으로부터 완전히 독립되었다. 어쨌든, 하나님이 아닌 어떤 것도 접근할 수 없는 가장 깊숙한 중심에서 모든 것이 일어나고 있다. 그녀가 이해하기로는, 이것이 예수님께서 약속하신 성취이다. 즉, '예수, 아버지, 성령은 그분을 사랑하고 그분의 계명을 지키는 영혼에게 오셔서 거하신다' 는 약속의 성취이다. 신비한 '라이트 온' 능력을 통하여 그녀는 자신 안에 있는 이 삼중적 관계의 진리를 보며 외친다. '오, 하나님. 저를 도우소서!' 이 말씀을 듣고 믿는 것과 이러한 이끌림을 받아서 그것이 얼마나 진실한지를 깨닫는 것과는 큰 차이가 있다. 무의식적으로 그녀의 마음은 기존의 개념에 부합하는 삼위일체에 관한 정신적 이미지를 만들어낸다. 이 이미지는 조금도 중요하지 않다. 다만 일어나고 있는 일과 그녀가 보는 것이 일어나고 있다는 것이 말로 형언할 수 없는 것 ineffable이라는 사실을 기억해야 한다.

그리고 그녀는 영성체Communion를 받은 후 또 다른 환상을 누린다. 그것은 예수님에 관한 것, 즉 그녀가 특징짓듯이 그 분의 '성스러운 인성' 에 관해서이다. 그분은 결혼 상대이시다. 그녀의 연합은 그분과 함께 있는 것이다. 그녀는 성령 안에 계신 그분을 통해 아버지와 친교를 맺는다. 이것은 매우 중요한 통찰이다. 이제야 그리스도께서 우리의 생명이 되신다는 것이 무엇을 말하는지를 깨닫게 되고, 그분 안에 있어야 아버지 안에 있게 된다는 사실을 깨닫는다. 그런데 또 다시 그녀는 이 환상이 이전에 겪었던 것과 매우 다르다는 것을 강조한다. 이것이 그녀가 '성스러운 인성' 에 관해 말한 유일한 환상은 아니었다. 그렇지만 이것은 아주 다른 것이며 다른 세상에 속한 것이다. 데레사가 그 차이를 설명하지는 못했지만, 확실히 다른 것이다. 겉보기에 비숱한 이유는 그녀가 말words을 사용했기 때문인데, 말로는 신비를 정의할 수 없고, 단지 암시할 수 있을 뿐이다. 이 환상의 본질은 삶을 양도transference하는 것이다. 그 이후로 데레사는 그리스도의 관심사들에 전적으로 관심을 갖게 되었다. 그것으로 인해 자신의 관심사를 그분의 돌봄 안에 두게 된 것이다. 이것이 바로 신부 이미지의 주제이다. 위대한 자기-잊음self-forgetfulness이 그녀를 감싼 것이다.

> 아마 사도 바울이 '주와 합한 자는 한 영이니라'(빌 1:21)라고 말할 때, 그는 이 최고의 결혼을 언급하고 있는 것 같습니다. 그런데 이 결혼은 주님께서 영혼 속으로 들어가셔서 연합된 것임을 전제하고 있습니다. …이미 모든 육적인 것을 치우고 영혼을 순수한 영적 상태로 놔두기 위해 준비한 사람들에게 그러합니다. 이는 천상의 연합 속에서 창조되지 않은 영Uncreated Spirit과 결합되게 하기 위한 것입니다. 하나님의 사랑을 위해 우리 안에서 모든 피조된 것들을 비우고 없애버릴 때, 주님께서 우리의 영혼을 그분 자신으로 채우실 것입니다.

우리 자신을 하나님께 개방하며 더욱 풍성한 삶으로의 부르심에 순종함으로써, 그리고 자기중심적인 미성숙한 상태로부터 풀려남으로써, 우리는 진정한 우리, 우리가 되도록 의도된 우리 자신, 즉 '그분께서 사랑 안에서 예수 그리스도를 통하여 우리를 당신의 아들이 되게 하시고, …하나님의 완전함으로 채우기 위해 지식을 넘어서는 그리스도의 사랑을 알도록 예정하셨다'(엡 1:5; 3:19)는 것이 되는 것을 의미한다. 하나님은 틀림없이 마음을 열고 기다리는 사람들에게 자신을 내어주시며, 그 선물 안에서 우리는 진정한 우리 자신이 된다. 하나님은 모든 존재에게 자신을 내어주신다. 그 존재들의 값어치measure는 그분께서 주신 선물의 값과 동일하다. 그런데 모든 피조물 중 사람만이 유일하게 하나님의 자기 수여를 자유롭게 받아들이거나 응답할 수 있다. 인간만이 '인격적인' 주고받음, 즉 친밀함, 우정, 사랑이라고 부르는 것 안에서 하나님을 '직접적'으로 받아들일 수 있다. 또한 하나님께서 충만하게 우리를 사랑하셨을 때에만 우리가 온전히 그곳에 있을 수 있다. 우리 안에 있는 것 중 신적인 것만이 진짜이다. 하나님으로 채워질 때에만 우리는 진정한 인간이 된다. 이것이 인간의 목적이자 운명인데, 그 정점과 원형은 예수님에게서 찾을 수 있다. 이것이 데레사가 말한 '순전한 영성'의 상태이며, 그 때 우리의 모든 것은 하나님으로 변화될 것이고, 자아에 관련된 어떤 것도 갖지 않게 된다. 그녀는 이러한 삶에서 얻을 수 있는 것이, 비물질적 상태 즉 '천사'처럼 되는 것이라고 주장하지 않는다.

   데레사는 영혼의 성으로 들어간다는 그녀 자신만의 용어로 그 진리를 표현하고 있다. 여기서 마침내 가장 안쪽 방에 도달하게 된다. 그 중앙은 왕이 영원히 머무시는 곳이다. '그분은 그녀를 자신의 궁방으로 안내하시며' '영혼은 항상 자신의 가장 깊은 곳에서 하나님을 모십니다' 그것은 더 이상 그 한가운데에 계시는 왕과 순간적으로 지나치면서 갖게 되는 접촉의 문제가 아니다. 이것은 상호적이며 영원한 머무릎이고, 사랑하고 있는 연인의 관계이다. 그러한 거주는, 하나님께서 자신을 피조물에게 전달하시고 그 피조물은 사랑으로 반응하며 승복하면서 잠재성이 완전히 실현될 때에만 성취된다. 그래서 가장 깊은 방은 피조물의 완전한 성장과 같은 것이다. 이 궁방은 단지 묵어가는 숙소가 아니라 오랜 여정의 마침이다. 그곳은 고향집이다. '내가 가서 너희가 있을 곳을 마련하면, 다시 와서 너희를 나에게로 데려다가 내가 있는 곳에 너희도 함께 있게 하겠다' (요 14:3).

부질없는 일이기는 하지만 7궁방과 이전의 궁방들 간의 차이점을 설명하기 위해 그녀는 두 개의 촛불을 함께 가져다가 불꽃을 대는 비유를 사용한다. 잠시 동안 그 둘은 하나의 왁스, 심지, 불꽃이 된다. 그러나 그것들은 분리될 수 있다. 이것은 6궁방의 일시적인 연합과 같다. 반면, 지금 일어나고 있는 이 연합은 분리될 수 없다. 마치 빗방울이 떨어져 강으로 들어가고, 강이 바다로 흘러 들어가면서 완전히 사라져버리는 것과 같다.

이 상태의 주목할 만한 특징은 안심security이다. 평생 근심거리로 찢겨지고 불안감에 고통당했던 데레사는 그녀 자신을 거의 알지 못한다. 그녀는 마치 현재의 안정감을 받아들이지 못하고 곤란한 문제들을 걱정스레 찾아보는 것처럼 보인다. 너무 안정감을 느끼는 것은 아마 겸손의 부족일 것이다. 만약 이렇게 되면, 그것은 연합의 가능성을 무효로 만들어버릴 것이다. 그렇지 않은가? 그래서 데레사는 잘못된 것을 바로잡기 위해 완전한 안전감에 관한 자신의 주장을 수정하려고 한다. 그녀는 확실한 것을 언급한다. 우리는 하나님의 손 안에 머무는 한에서만 안전하다. 그분으로부터 분리된다면 넘어질 수 있다. 그런데 문제의 요점은, 이제는 우리가 하나님의 손으로부터 빠져나올 수 없다는 사실이다. 우리의 선택은 변경될 수 없으며, 그분의 신실하심은 절대 불변하다. 진정으로 우리는 그분처럼 되었고 그분은 우리처럼 되셨다. 우리는 7궁방의 모든 장들에서 이 같은 소심함과 머뭇거림을 발견한다. 데레사는 마음속으로는 자신이 매우 안전하며 결코 하나님과 분리되지 않았고 영원히 자신의 고향에 있게 되었다는 것을 안다. 모든 것을 성취했고, 싸움은 끝이 났으며, 마지막에 도달했음을 아는 것은 말할 수 없는 안심을 준다! 그러나 감히 자신에게도 그렇게 말하지 않는다. 4년 뒤, 그녀가 죽기 1년 전에 오랜 친구에게 쓴 편지가 있다. 거기에서 계속해서 데레사에게 만연해 있는 불안의 음색을 들을 수 있다. 그러나 그녀는 더 분명히 말하고 있으며, 자신이 느끼는 것에 대해 말하는 것을 두려워하지 않고 있다. 그 편지에서 『영혼의 성』에서 말했던 것과 동일한 것을 말하고 있다는 것이 흥미롭다. 하지만 그 안에 더 큰 자유와 신뢰, 자기포기를 찾아볼 수 있다. 7궁방은 마치 데레사를 위한 놀라운 것들을 담고 있는 것처럼 보인다. 그녀는 완선히 행복해하며 만족해한다. 그러나 그것을 다루는데 있어서는 자신의 선입관을 완전히 바로잡을 수 없었다. 그녀의 열정적인 영적 삶에서 나온 가장 소중한 생각들은 다음과 같다.

오, 내가 주님께 고요와 평안에서 나오는 분명한 생각을 드릴 수 있다면! 그 생각 속에서 내 영혼은 자신을 발견합니다. 왜냐하면 그것이 하나님께서 주시는 결실인 것이 너무나도 확실하고, 영혼은 그 생각을 이미 가지고 있는 것 같이 보이기 때문입니다. 비록 영혼이 아직은 그것을 즐기고 있지 않아도 말입니다 (Relation Ⅳ).

그녀는 더 이상 매달림suspension과 황홀경을 겪지 않을 뿐 아니라 '영혼의 상실'로 인해 일어났던 열정적인 슬픔도 잃어버렸다. 천국에 대한 열렬한 열망, 고통 받고자 하는 열렬한 열망마저도 없어졌다. 고통의 부재는 그녀를 불편하게 만들 수 있었다. 반복해서 데레사는 큰 고통은 위대한 사랑을 위한 필수조건이라는 확신을 우리에게 말했다. 사랑의 양은 참을 수 있는 고통의 양과 같다. 그녀는 고난당할 준비가 되어 있다고 계속해서 확신했다. 동시에 중요한 것은 고통이 아니라는 것도 알고 있었다! 더 이상 홀로 있지 않고 계속해서 신적 교제를 누리고 있기 때문에 실제로는 이제 고통스러울 수 없다고 말한다. 우리가 오해하지 않도록 그녀는 계속해서 자신이 매우 고통스럽다고 말한다. 우리는 그 사실에 관한 객관적인 증거를 가지고 있다. 신비결혼 이후의 시간들은 모두 어려운 일들 투성이었다. 그녀의 편지들은 그것에 관한 증거이고 목격자들의 증언도 있다. 다시 말하지만, 이것이 우리에게 말로는 전달할 수 없는 부분이다. 고통을 겪고 있지만 고통을 겪고 있지 않는 것! 일종의 '무감각한 반응'deadness이 생긴다. 그런데 이것이 감각적인 열정이 있는 영적 삶에 익숙한 여인에게 당혹감을 준 것이다.

그 이후로 두려움이 오는데, 때때로 나를 괴롭힙니다. 이전에 수반되는 마음의 불안과 고통이 없을지라도 말입니다. 이 두려움은 내 영혼이 무감각으로 빠져드는 것 그리고 참회할 수 없기 때문에 아무것도 이루고 있지 않다는 것에 대한 두려움입니다. 고통과 순교와 하나님의 비전을 위한 열망 가득 찬 행동들, 이것에 대해 내가 아무 힘도 쓸 수 없고 통상 내가 그것을 전혀 만들어낼 수 없다는 것입니다. 내게 산다는 것이 단지 먹고 자고 어떤 종류의 고통도 다 피하려는 것처럼 보입니다. 그리고 심지어 이렇게 하는 것이 나를 고통스럽게 하지도 않습니다. 내가 말하듯 가끔은 내가 속아 넘어가고 있는 것이 아닌가 하면서 두려워하는 것을 빼놓고 말입니다(Relation Ⅵ).

데레사가 누리고 있는 이 안전은 감동적이며 확신을 주는 열정, 비전, 황홀과 같은 것을 없애버린다. 이 모든 것은 자아가 만들어낸 산물이다. 자아가 자신에게 감동을 주는 것이며 그렇게 하는 것이 하나님을 사랑하는 것이고, 하나님을 위해 무언가를 하고 있다는 확신을 준다. 지금은 그럴 필요가 없다. 자아는 자신에 대해 죽었고 하나님 안에서 살아있다. 그분께서 모든 것을 하신다. 그러므로 무감각, 은근함low-keyedness, 무경험이 있게 된다. 이제는 '피조물과 하늘의 모든 영광에 대한 강한 집착이 나를 더 이상 지배하지 못한다고 믿습니다. 나의 한 가지 애착은 하나님에 대한 사랑인데, 이것은 줄어들지 않습니다'(Relation Ⅵ).

데레사는 자기-망각을 관찰한다. 그것은 아주 완벽해서 정말로 그 영혼이 존재하지 않는 것 같다. 왜냐하면 천국에 있는지 생명이 있는지 자신에 대한 영광이 있는지에 대해 알거나 기억하지도 않고 오로지 하나님의 영광을 구하는 것에 빠져 있기 때문이다. 그녀가 보는 것 이상으로 '망각'이 깊어졌다. 그것은 자아의 상실이다. 단지 자아를 망각하는 것이 아니다. 이것은 요한이 예수님을 통해서 한 심오한 말씀 안에서 가장 잘 표현되어 있다. 예수님께서는 그가 스스로는 아무것도 아니라고 선포하신다. 그분이 하시는 일은 자신의 것이 아니고 아버지의 일이며 그분께서 하시는 판단도 아버지에 의해 된 것이고 그분 인생의 모든 주도권도 아버지로부터 비롯된 것이라고 선언하신다. 그분은 일종의 비어있음으로 존재하시며 이를 통해 아버지께서 말씀하시고 행동하신다. 동시에, 역설적으로 그분은 결정, 행동, 판단이 확고한 매우 개별적인 인간으로 존재하신다. 그분의 인성에는 애매한 것이 없다. 이것이 신비이다. 즉 인간은 하나님께 전적으로 승복할 때에만 본래의 모습이 되는 존재이다. 오직 자신을 잃어버릴 때에만 완전히 그곳에 있게 된다. 예수님께서는 자신의 삶이나, 능력, 지혜를 가지지 않은 존재로서의 자신을 경험하셨다. 이 모든 것은 아버지께로부터 온 것이다. 우리로 말하자면, 우리는 예수님으로부터 모든 것을 얻는다. 아버지께서 예수님의 생명이셨듯이, 예수님께서는 우리의 생명이시다. 그러므로 아버지께서 우리의 생명이 되신다. 예수님과 함께 하는 사람은 아버지 안에 계신 분, 하나님으로부터 오신 분과 함께 산다. 예수님과 같은 존재로 변화되는 것이 사람에게서 개별성을 빼앗아버린다거나 그 이후로 어떠한 감정, 선호, 관심을 가지지 않는다고 생각해서는 안 된다. 예수님의 모습으로의 변화는 완전한 인간이 되는 것을 의미한다.

데레사의 7궁방에 대해 적합하지 않는 이 해설서에서, 우리는 '라이트 온'과 '라이트 오프'의 경험을 구분하는 것을 피해왔다. 그녀의 글을 따라가면서 '라이트 온'을 계속 보았지만 지금까지 말한 것은 '라이트 오프'에게도 동일하게 적용되는 것이다. 동일한 근본적 사건, 동일한 자아상실과 표현할 수 없는 세상 안에서의 절대적인 안전이 있다. 구별과 설명을 위해 더 나가게 되면, 비현실적인 곳으로 갈 수 있다. 그녀 자신의 경험에 관해 말한 것을 읽어나가다 보면, 그녀가 부딪친 혼란을 느끼게 될 것이다. 그때 그것에 관해 이런저런 말을 하는 것은 매우 성급한 짓일 수 있다. 그러나 여기에서 말한 것은 모두 합리적이고 안전하게 말할 수 있는 것들이라고 할 수 있다.

데레사와 십자가의 요한은 모두 불가능한 시도를 해왔는데, 그것은 변화시키는 연합transforming union이라는 영역을 묘사하려는 시도이다. 우리는 그것을 문자적으로 받아들이거나, 그들이 실제로 그러한 것을 말하고 있다고 생각할 위험이 있다. 이 일도 일어나고, 저 일도 일어났다. 그런데 그들이 하고 있는 일은 언어의 범위를 벗어나기 위해 이미지와 단어들을 찾는 것이다. 그것은 '눈이 보지 못하고 귀가 듣지 못하며 인간의 마음이 깨닫지 못하는 것이다.' 산 정상에 도달하였을 때, 묘사할 것이 무엇이 있을까? 하늘 말고는 없다. 볼 수 있고 말할 수 있는 것은 산에 오르는 길에 관한 것들이다. 정상의 좋은 위치에서는 매혹적인 세부 형태를 볼 수 있다. 그러므로 영적인 등정 중에 있을 때에는 지금 어디에 있는지를 묘사할 수 없는 것이다. 단지 있었던 곳에 관한 묘사를 할 수 있을 뿐이다. 산꼭대기인 7궁방은 오직 하늘에서만 보인다. 왜냐하면 이곳은 정말 하늘에 속해 있기 때문이다. 그러므로 우리는 매우 흡족한 상태로 데레사를 떠난다. '이 상처받은 마음에 생수가 풍성하게 주어집니다. 여기에서 영혼은 하나님의 장막 안에서 기뻐합니다.'

결론

'나는 세상에 불을 지르러 왔다. 불이 이미 붙었으면 내가 바랄 것이 무엇이 더 있겠느냐'(눅 12:49). 인간의 삶 속에서, 복종하신 예수님은 하나님의 사랑을 받아들인 유일한 분이셨다. 그분은 그 사랑을 완전히 받아들일 수 없는 것에 대한 참담한 슬픔을 아셨다. 또한 이같은 사랑이 자신을 통해 인간에게 주어졌지만 거절당한 슬픔도 아셨다. 사랑의 돌진Love's onrush으로 그들을 개방시키게 만든 그 겸손과 가난 때문에 많은 대가를 치르셨다. 예수님은 두 맷돌 사이에 눌려서 죽음을 당하셨다. 그 두 맷돌은 인성으로는 완전히 받아들일 수 없는 하나님의 너무 크신 사랑과, 받아들이려 하지 않는 인간 안에 있는 너무 작은 사랑이다. 현존하는 영원한 능력과 영광 안에 그분은 복종하는 분으로 남아 계셔서, 이제는 사랑의 무게를 완전히 받아들일 수 있게 되셨다. 그분을 고통스럽게 한 것과, 이 땅의 상황 안에서 자신을 부숨으로써 개방시킨 것이 그분을 복되시게 하였다. 그러나 우리가 들기에, 여전히 그분은 번민을 겪으신다. 어린 양은 죽임을 당했으며, 부활하신 주님은 자신의 상처의 표시를 지니고 계신다. 성서는 아직도 부족한 것이 있고 사랑의 신비 안에 슬픔이 있다는 것을 증언하고 있다. '그는 우리를 위해 중보하신다,' 우리를 위한 넘치는 사랑으로 인해 고통을 겪으시고, 우리를 구원하시며 하나님을 우리에게 주고자 하는 열망이 있으시지만 인간의 거절로 인해 고통을 겪으신다.

신비 결혼에서 예수님처럼 된다는 것은 열정적인 사랑의 신비 안으로 이끌려 들어가는 것이고, 자신이 이 사랑의 전달자가 되는 것이다. 성령으로 우리에게 오셔서 사랑으로 태우는 살아있는 불이신 예수님은, 오로지 사람들이 자신을 그분께 드리고 그분으로 변화되어서 그 안에서 불이 될 때에만 이 세상에 임재하신다. 신비 결혼은 심리적 기쁨의 상태가 아니고 인식할 수 있는 완성이 아니다. 이런 하찮은 것과는 전적으로 다른 것이다. 자아-상태와는 아무 관련이 없다. 그것은 완전히 '하나님을 향한' 예수님과 함께 있는 것인데, 이것은 전적으로 타인을 위해 있어야 한다는 것을 의미한다. 이것은 자신을 고려하지 않는 헌신의 황홀ecstasy이다. 이것은 이 땅에서 불Fire이 되어 식별할 수 있는 범위를 넘어선 깊이에서 타인들을 정화하며 불을 켜준다. 우리는 하나님의 직접적 활동이 인간 속에서 완전히 은폐되어 있다고 주장했다. 그것은 오직 결과를 통해서만 알 수 있는 것이다. '혈과 육'에 의해서 쉽게 평가되지 않는다. 하나님 안에서 그리스도와 함께 숨겨진 삶은 오직 '하나님 안에서 그리스도와 함께 숨겨진 생명'에 의해서만 영양분을 공급받는다. 그들은 전적으로 하나님 안에서 숨겨지고 잃어버린 사람들이다. 다만 이 땅의 불이신 그리스도의 삶으로 살아갈 뿐이다.

낭만적인 생각을 떨쳐버려라. 높이 날아다니는 '영성'은 데레사가 독자에게 한 말이 결코 아니다. 내려와라. 일을 하라. 십자가에 달리신 분께 시선을 고정하라. 자신을 잊어버리고 타인에게 전적으로 헌신하라.

우리는 자신의 기쁨을 위해서가 아니라 섬기는데 알맞은 힘을 얻기 위해 기도를 열망해야 합니다. 가지 않은 길을 걸으려고 힘쓰지 맙시다. 그렇지 않으면 가장 중요한 때 시간을 낭비할 수 있습니다.

그리고 그녀는 우리를 떠난다.

마지막으로 자매들에게 하고 싶은 말은 결국 기초 없는 탑을 쌓지 말라는 것입니다. 주께서는 일의 크기를 보지 않으시고 어떠한 사랑으로 하는가를 보십니다. 그러기에 우리가 할 수 있는 일을 해나가기만 하면 하나님은 날마다 더 많은 일을 만들어 주실 것입니다. 이내 지쳐버려서는 안 됩니다. 짧고 짧은 우리의 인생. 어쩌면 우리 하나하나가 짐작하기보다 훨씬 짧을지도 모를 이 일생 동안 안팎으로 힘이 미치는 데까지 주님께 희생을 올려 드립시다. 주님께서는 우리의 일이야 작고 작을망정 우리의 마음을 보시고 당신이 십자가 위에서 우리를 위해 아버지께

바치신 희생에다 우리의 희생을 합쳐서 우리를 값지게 해주실 것입니다.

아래의 표는 '경험' 또는 '호의'와 일반적 상태(Light off)와 드문 상태 light on에 있는 기도 단계와의 관계를 보여준다.

라이트 오프
(LIGHT OFF)

a) 비-신비기도(1-3궁방)

민감한 사람들 Sensitives	민감하지 않은 사람들 Non-Sensitives
경험이나 호의를 가질 가능성이 있음. 그것들은 원래 본성적이다. 그런데 기도의 상황 안에서 발생할 때, 그것 때문에 자신이 앞서 간 상태에 있다고 해석할 수가 있다. 잘 믿는 성품을 가진 사람이 기대를 하게 되면, 그 가능성이 높아진다.	이들은 경험이나 호의를 가질 것 같지 않다. 만약 기대하지도 않고 본성상 회의적인 사람이라면 더욱 그러하다.

b) 신비기도[4궁방 (초보자) 5,6궁방]

본성과 기대 그리고 잘 믿는 성품 때문에 '경험'을 가질 가능성이 있음. 원래 그것은 중요하지 않다. 그런데 신비기도에 의해 그것이 자극을 받았을지도 모른다. 그러나 이것에 대한 확신은 없다. 왜냐하면 '경험'과 관련해서는, 여기서 발생한 것과 비-신비기도 중에 발생한 것 사이에 본질적인 구별이 없기 때문이다.	경험을 가질 것 같지 않음.

그 자체로는 경험적이지 않은(의식의 수준에서?) 신비기도는 항상 지혜, 즉 변화시키는 하나님의 생생한 지식을 주는 결과를 낳는다.

'경험'과 '호의' 그 자체는 진정한 영적 지혜와 변화의 상황에서는 무의미한 것이다. 반면에 신비기도는 항상 유익을 준다. 그밖에 다른 것들은 영적으로나 심리적으로나 파괴적일 수 있다. 즉 교만, 잘못된 것을 지향하기, 분열로 이끌 수 있다.

라이트 온(LIGHT ON)
신비기도

'Light on'은 신비기도에서만 작동한다. 왜냐하면 그 기능은 영혼과 연합하는 하나님을 계시하는 것이기 때문이다. 이것은 실제의 신비 발생을 '보는 것'이며 전에 말했듯이 일반적 기능의 범위에서는 감지되지 않는다. 이것은 초월적인 재능인데, (아마) 이것이 작동할 수 있는 본성적 토대를 요구하는 것 같다. 이 본성적 토대는 아마 '민감한 사람들' sensitive 로 분류되어질 수 있다. 그럼에도 불구하고 부차적이고 중요하지 않은 '호의'의 결과 안에서 차이가 식별가능하다. 그래서:

민감한 사람들 Sensitives	민감하지 않은 사람들 Non-Sensitives
기대를 하며 잘 믿는다. 즉 경험과 호의가 풍부하다. 특별히 그것들이 영혼이 하나님과 연합한 것으로부터 나온 결과로 이해될 때 더욱 그렇다. 예를 들면 데레사가 이에 해당한다.	이들은 '자아가 내면의 경험에 형태를 주려는 경향이 있다는 것을 인식하기 때문에 그렇게 하기를 피하고 그 결과 현상이 일어나지 않는 사람'이라고 말할 수 있겠다.
원래 내면의 '봄' sight은 비개념적이라서 nonconceptical 표현할 수 없다. 심지어 자신에게까지 그렇다. 그런데 이것이 무의식적으로 자신에게 표현되는데, 이것은 전달될 수 있다.	그렇지만 몰두 absorption 황홀 ecstasy이 있을 수 있다.
이러한 사람들은 어쨌든 '민감	

결론 201

한 사람들'이므로 모든 정신적 경험들이 일어나기 쉽다. 이러한 민감성은 그들이 향유하는 '봄'sight에 의해서 고조된다. 그들은 자신들이 받는 은혜의 핵심과 자신이 (무의식적으로) 만드는 외면의 껍질을 구분할 수 없다. 예를 들면 성 마가렛 메리의 비전이 그렇다. 그녀는 자신의 심오한 비전에 정신으로부터 발생하는 이미지를 입혔다.

　진정한 '라이트 온'은 항상 생생한 지혜의 결과를 낳는다. 그것을 받은 사람은 단지 무엇이 일어나는지 실제로 보고 그것에 관해 말할 수 있고, 그렇지 않았다면 애매한 채로 남아있을 것에 빛을 비추기 때문에 선생이 될 수 있다. 그런데 전적으로 그들만 선생이 되는 것은 아니다. 왜냐하면 '라이트 오프'도 신비상태에서는 실제로 무엇이 일어났는지를 진정으로 '알기' 때문이다.
　이 같은 경험에 대해 의미 없는 것은 없다. 신비적 경험을 분석하는 데 레사의 능력, 글을 쓸 때나 행동할 때 가졌던 그녀의 확신을 주목하라. 그것은 본질적으로 변화를 일으킨다.